Coma este livro

Coma este livro

Uma conversa sobre a arte da leitura espiritual

EUGENE H. PETERSON

Traduzido por Neyd Siqueira

Copyright © 2006 por Eugene H. Peterson
Publicado originalmente por Wm. B. Eerdmans Publishing Co., Grand Rapids, Michigan, EUA.

Publicado anteriormente sob o título *Maravilhosa Bíblia: A arte de ler a Bíblia com o espírito*.

Os textos bíblicos foram extraídos da *Nova Versão Internacional* (NVI), da Biblica, Inc., salvo as seguintes indicações: *Almeida Revista e Atualizada* (ARA), da Sociedade Bíblica do Brasil; *Bíblia de Jerusalém* (BJ), da Paulus; e *A Mensagem*, da Editora Vida.

Todos os direitos reservados e protegidos pela Lei 9.610, de 19/02/1998.

É expressamente proibida a reprodução total ou parcial deste livro, por quaisquer meios (eletrônicos, mecânicos, fotográficos, gravação e outros), sem prévia autorização, por escrito, da editora.

Edição
Daniel Faria
Revisão
Ana Luiza Ferreira
Produção
Felipe Marques
Diagramação
Gabrielli Casseta
Colaboração
Guilherme H. Lorenzetti
Capa
Douglas Lucas

CIP-Brasil. Catalogação na publicação
Sindicato Nacional dos Editores de Livros, RJ

P578c

Peterson, Eugene H., 1932-2018
    Coma este livro : uma conversa sobre a arte da leitura espiritual / Eugene H. Peterson ; tradução Neyd Siqueira. - 1. ed. - São Paulo : Mundo Cristão, 2025.
    192 p.

    Tradução de: Eat this book : a conversation in the art of spiritual reading
    ISBN 978-65-5988-380-6

    1. Bíblia - Crítica, interpretação etc. 2. Bíblia - Estudo e ensino. 3. Vida cristã. I. Siqueira, Neyd. II. Título.

24-94178   CDD: 220.07
                                                 CDU: 27-277

Meri Gleice Rodrigues de Souza - Bibliotecária - CRB-7/6439

Publicado no Brasil com todos os direitos reservados por:
Editora Mundo Cristão
Rua Antônio Carlos Tacconi, 69
São Paulo, SP, Brasil
CEP 04810-020
Telefone: (11) 2127-4147
www.mundocristao.com.br

Categoria: Espiritualidade
1ª edição: janeiro de 2025

Assim me aproximei do anjo e lhe pedi que me desse o livrinho. Ele me disse: "Pegue-o e coma-o! Ele será amargo em seu estômago, mas em sua boca será doce como mel". Peguei o livrinho da mão do anjo e o comi. Ele me pareceu doce como mel em minha boca; mas, ao comê-lo, senti que o meu estômago ficou amargo.

São João, o Teólogo

*Para Jon e Chery Stine,
companheiros fiéis pelas trilhas deste texto*

Sumário

Agradecimentos	11
Prefácio	13
1. "Leitura espiritual, a disciplina proibida"	17

PARTE I — COMA ESTE LIVRO

2. A comunidade dos santos, à mesa, com as Escrituras Sagradas	31
3. As Escrituras como texto: Aprendendo o que Deus revela	38
O Deus que revela e se revela	39
A Santíssima Trindade: uma questão pessoal	40
Despersonalizando o texto	43
A trindade substituta	45
Hoshia	49
4. As Escrituras como forma: Seguindo o caminho de Jesus	51
A história	54
A frase	63
5. As Escrituras como roteiro: Desempenhando nosso papel no Espírito	73
A Bíblia incompatível	76
O imenso mundo da Bíblia	80
Obediência	82
A leitura litúrgica das Escrituras	85
Espiritualidade virtuosa	89

PARTE II — *LECTIO DIVINA*

6. *Caveat lector*	93
7. "Orelhas que cavaste para mim"	102
Lectio	104

Meditatio	109
Oratio	114
Contemplatio	121

PARTE III — A COMPANHIA DOS TRADUTORES

8. Os secretários de Deus	131
Tradução para o aramaico	131
Tradução para o grego	136
Tradução para o inglês	139
9. A mensagem	147
Oxirrinco e Ugarite	151
Perdido na tradução	176
Apêndice: Obras sobre a leitura espiritual	185
Sobre o autor	189

Agradecimentos

Os primeiros rascunhos deste material, agora consideravelmente revisado, surgiram pela primeira vez nos boletins *Crux* e *Theology Today*. Porções do manuscrito foram apresentadas em palestras no Regent College, em Vancouver, como as Palestras de Glenhoe, no Seminário Louisville, e no Centro de Estudos Schloss-Mittersill, na Suíça. Parte do material sobre metáfora, no capítulo 7, foi extraído de *Where Your Treasure Is* (Eerdmans, 1993).

Os professores Iain Provan e Sven Soderlund, colegas do Regent College, empreenderam uma leitura cuidadosa do manuscrito. Sua ajuda foi inestimável, aprimorando o material muito além de minhas expectativas. Jon e Chery Stine foram companheiros resolutos e perseverantes nessa tarefa interminável que é preparar refeições nas quais o prato principal é a Palavra de Deus. *Coma este livro* é dedicado a eles.

Prefácio

Em um sábado de outubro, ao meio-dia, minha esposa foi buscar nosso neto de sete anos na Igreja da Santa Natividade. Hans vinha frequentando uma classe de preparação para a primeira comunhão. Em seguida, tomaram a direção de um museu local, onde visitariam uma exposição de pedras preciosas dirigida ao público infantil. No caminho, sentaram-se no banco de um parque da cidade para almoçar. Hans falava o tempo todo desde que haviam saído da igreja. Terminado o almoço — o dele era um sanduíche de alface e maionese que preparara sozinho, conforme explicara: "Estou tentando comer alimentos mais saudáveis" —, Hans afastou-se da avó, pegou na mochila um Novo Testamento que acabara de receber do pastor, abriu, ergueu à altura dos olhos e começou a ler, movendo os olhos ao longo da página em um silêncio tão profundo quanto incomum. Um longo minuto depois, ele fechou o Novo Testamento e guardou novamente na mochila. "Tudo bem, vovó, estou pronto. Vamos ao museu."

A avó ficou impressionada. Também achou graça, pois Hans ainda não sabe ler. Ele quer ler. A irmã sabe ler. Alguns de seus amigos também sabem, mas Hans ainda não aprendeu. E ele *sabe* que não sabe ler. De vez em quando, ele anuncia: "Eu não sei ler", como se tentasse nos lembrar o tempo todo do que ele está perdendo.

O que ele fazia, então, ao *ler* o Novo Testamento no banco do parque naquele sábado de outubro?

Mais tarde, quando minha esposa me contou essa história, também fiquei intrigado e achei graça. Alguns dias depois, porém, a história ganhou contornos de parábola em minha mente. Na ocasião, eu estava totalmente envolvido na preparação deste livro, uma longa conversa sobre a prática da leitura espiritual. Achava difícil concentrar meus potenciais leitores no tema. Eles continuavam se transformando em uma multidão sem rosto, composta por gente que lê ou não lê a Bíblia, gente que a ensina e gente que a anuncia. Será que existe algum impedimento, alguma dificuldade comum a todos nós quando pegamos nossas Bíblias e abrimos? Acredito que sim. E foi Hans quem me colocou no foco.

* * *

Leio a Bíblia desde que era apenas um pouco mais velho que Hans. Vinte anos depois de começar a ler a Palavra, eu me tornei pastor e professor; por mais de cinquenta anos, tenho envidado esforços para gravar as Escrituras na mente e no coração, nos braços e nas pernas, nos ouvidos e na boca de homens e mulheres. Não considero uma tarefa fácil. E por que não é fácil?

A questão pode ser resumida da seguinte maneira: no que diz respeito às Escrituras cristãs, o desafio — nunca desprezível — é fazer que sejam lidas, mas em seus próprios termos, como a revelação de Deus. À primeira vista, parece ser a coisa mais fácil do mundo. Depois de cinco ou seis anos de estudos que a congregação inteira ajuda a pagar, a maioria de nós consegue ler quase tudo o que está escrito na Bíblia. Se você não possui um exemplar e não tem condições de comprar, pode encontrar uma Bíblia em qualquer hotel do país e levar para casa. E sem medo de ser preso: quem neste mundo foi alguma vez acusado de mau comportamento e mandado para a prisão por roubar uma Bíblia?

No entanto, quando se trata de vida cristã, um dos aspectos mais negligenciados está diretamente relacionado à questão da leitura das Escrituras. É verdade que os cristãos possuem Bíblias e se entregam à leitura desse livro, que consideram a Palavra de Deus. No entanto, negligenciam a leitura das Escrituras de maneira formativa: ler para viver.

Lá estava Hans no banco do parque, os olhos percorrendo as páginas de sua Bíblia, *lendo* sem ler; reverente e concentrado, mas sem compreender; honrando esse livro da maneira mais preciosa, mas sem perceber sua relação com o sanduíche de alface e maionese que acabara de comer ou com o museu que estava prestes a visitar, alheio à avó ao seu lado; Hans *lendo* sua Bíblia. Uma parábola.

Uma parábola sobre a despersonalização das Escrituras, transformadas em um objeto a ser honrado; desligadas dos fatos que precedem e se sucedem à sua leitura, do almoço e do museu; as Escrituras em um parque, muito acima da vida nas ruas; um texto colocado num pedestal como um monumento ao livro, protegido dos ruídos e do mau cheiro de diesel exalado pelos caminhões por um gramado amplo e bem cuidado.

É tarefa do diabo destruir a ternura e a inocência de Hans, perpetuando-as em uma vida inteira de leitura marcada por uma leitura dedicada, porém indiferente.

Contrariando o diabo, faço questão de dizer que, para ler as Escrituras adequada e corretamente, é necessário, ao mesmo tempo, vivê-las — não que esse deva ser um pré-requisito para a leitura da Bíblia, mas devemos vivê-la enquanto a lemos, vida e leitura recíprocas, linguagem corporal e palavras ditas, ir e vir, incorporando a leitura à vida, a vida à leitura. Ler as Escrituras não é uma atividade distinta de viver o evangelho, mas integrada nele. Significa deixar que outro participe de tudo o que dizemos e fazemos. É assim mesmo, muito fácil. E também difícil.

1

"Leitura espiritual, a disciplina proibida"

Há alguns anos, eu tinha um cachorro que gostava de ossos grandes. Para a sorte dele, morávamos em uma área florestal ao pé das montanhas de Montana. Em seus passeios pela floresta, ele frequentemente encontrava carcaças de cervos de cauda branca que os coiotes matavam. Mais tarde, ele aparecia em nosso quintal de pedras ao lado do lago carregando ou arrastando seu troféu, geralmente uma perna ou uma costela. Era um cachorro pequeno, e o osso quase sempre era do tamanho dele ou ainda maior. Quem já teve um cão conhece a rotina: ele pulava e saltava alegremente diante de nós com seu prêmio, sacudindo o rabo, orgulhoso de sua descoberta, pedindo nossa aprovação. E, é claro, nós aprovávamos. Éramos generosos em elogios, afirmando que ele era um excelente cachorro. Depois de algum tempo, saciado com nossos louvores, ele arrastava o osso até algum lugar mais privativo, geralmente à sombra de uma grande pedra coberta de musgo, e passava a trabalhar em seu achado. As implicações sociais do osso ficavam para trás; o prazer agora se tornava solitário. Ele roía o osso, virava de um lado para o outro, girava, lambia e sacudia. De vez em quando, ouvíamos um ruído surdo ou um rosnado, o equivalente ao ronronar de um gato. Era evidente que ele estava se divertindo e não tinha pressa. Depois de algumas horas que custavam a passar, ele enterrava o osso e voltava no dia seguinte para apanhá-lo. Um osso médio durava cerca de uma semana.

Eu sempre me alegrava com a alegria de meu cachorro, com seu jeito sério de brincar, com sua espontaneidade infantil, agora totalmente absorvido na "única coisa necessária". Imagine, porém, meu deleite ainda maior quando li Isaías e encontrei o poeta-profeta observando algo similar ao que eu gostava tanto em meu cão, com a diferença que o seu animal era um leão, e não um cachorro: "Assim como quando o leão, o leão grande, ruge ao lado da presa..." (Is 31.4). "Ruge" foi a palavra que me chamou a atenção e produziu uma nova explosão de alegria em meu ser. O que meu cachorro fazia com seu osso precioso, provocando aqueles ruídos guturais de deleite enquanto roía, aproveitava e saboreava o seu prêmio, o leão de Isaías fazia com sua presa. O mais prazeroso foi notar a palavra hebraica traduzida nessa passagem bíblica por "rugir" (*hagah*), geralmente traduzida como "meditar", como no Salmo 1, que descreve o homem (ou a mulher) bem-aventurado cuja "satisfação está na lei do Senhor", na qual "medita dia e noite" (v. 2). Ou no Salmo 63: "Quando me deito lembro-me de ti; penso em ti durante as vigílias da noite" (v. 6). Isaías, porém, usa essa palavra para se referir a um leão rugindo sobre a presa como meu cão enquanto mordia o osso.

Hagah é uma palavra que nossos ancestrais hebraicos usavam frequentemente para se referir ao tipo de leitura que trata de nossa alma. "Meditar", porém, é um termo muito leve para o que está sendo especificado. "Meditar" parece mais adequado ao que faço em uma capela silenciosa, de joelhos, com uma vela queimando no altar. Ou o que minha esposa faz sentada em um jardim de rosas com a Bíblia aberta sobre o colo. Mas, quando o leão de Isaías e o meu cachorro meditavam, eles mastigavam e engoliam, usando os dentes e a língua, o estômago e os intestinos: o leão de Isaías meditando o seu bode (se é que se tratava de um); meu cão meditando o seu osso. Há um certo tipo de escrita que convida a esse tipo de leitura: ronronar suave e rosnados baixos, enquanto experimentamos e saboreamos, aguardamos com ansiedade e comemos aos bocados as palavras doces e temperadas que dão água na boca e energizam a alma. "Provem, e vejam como o Senhor é bom" (Sl 34.8). Isaías emprega a mesma palavra (*hagah*) algumas páginas depois para o gemido (arrulhar) de uma pomba (38.14). Um leitor cuidadoso desse texto entendeu o espírito da palavra quando afirmou: *hagah* significa que a pessoa está "perdida em sua religião",[1] que era exatamente a relação de meu cachorro com seu osso. O barão Friedrich von Hügel comparou esse método de leitura a "permitir que uma pastilha expectorante se dissolva lenta e imperceptivelmente em sua boca".[2]

* * *

[1] A. Negoita, *Theological Dictionary of the Old Testament*, G. Johannes Botterweck e Helmer Ringgren, orgs., (Grand Rapids: Eerdmans, 1978), vol. 3, p. 321.
[2] Baron Friedrich von Hügel, *Selected Letters* (Nova York: E. P. Dutton, 1927), p. 229.

Estou interessado em cultivar esse tipo de leitura, não só a única modalidade condizente com o conteúdo de nossas Sagradas Escrituras, como também com todo tipo de escrita que pretenda transformar a nossa vida, e não apenas enfiar alguma informação adentro em nosso cérebro. Toda escrita séria e boa prevê exatamente esse tipo de leitura — de maneira reflexiva e lenta, um flerte com as palavras, em contraste com o ato de devorar informações. Nossos escritores canônicos, que lutaram para traduzir a revelação divina em frases hebraicas, aramaicas e gregas — Moisés e Isaías, Ezequiel e Jeremias, Marcos e Paulo, Lucas e João, Mateus e Davi, juntamente com seus numerosos irmãos e irmãs, identificados ou não no decorrer dos séculos — exigem isso. Eles compõem uma escola de escritores usados pelo Espírito Santo para gerar as Sagradas Escrituras, assim como para nos manter em contato com a realidade e reagir diante dela, quer visível ou invisível: a realidade de Deus, da presença de Deus. Todos se distinguem por uma profunda confiança no "poder das palavras" (expressão usada por Coleridge) para nos levar à presença de Deus e mudar nossa vida. Ao se juntar aos escritores das Sagradas Escrituras, somos instruídos em uma prática de leitura e escrita infundida de enorme respeito — mais que respeito, profunda reverência — pelo poder revelador e transformador das palavras. A primeira página do texto cristão para a vida, a Bíblia, conta-nos que todo o cosmos e cada ser que nele vive tomaram forma por meio de palavras. São João escolhe o termo "Palavra" para dar conta, em primeiro e último lugar, do que é mais característico sobre Jesus, a pessoa no centro revelado e revelador da história cristã. A linguagem, falada e escrita, é o meio principal para nos apresentar ao que *existe*, ao que Deus é e ao que está fazendo. Trata-se, no entanto, de uma linguagem de uma certa estirpe, e não de palavras separadas de nossa vida, as mesmas utilizadas em listas de supermercado, manuais de computação, gramáticas francesas e livros de regras de basquete. O objetivo direto ou indireto dessas palavras é entrar em nós, trabalhar em nossa alma, formar uma vida de acordo com o mundo que Deus criou, a salvação que ele ordenou e a comunidade que ele reuniu. Tal escrita pressupõe e exige determinada modalidade de leitura, do tipo "cão e osso".

Escritores de outras tradições de fé e outros que não seguem qualquer tradição — ateus, gnósticos, secularistas — têm, é claro, acesso a essa escola e se beneficiam imensamente da experiência que ela propicia no que concerne à santidade das palavras. O adjetivo "espiritual", porém, serve para identificar como os escritores que escreveram coletivamente a Bíblia usaram a linguagem para formar "a mente de Cristo" em seus leitores. O adjetivo continua a ser útil para identificar os homens e as mulheres pós-bíblicos que continuam a escrever textos jornalísticos e comentários, estudos e reflexões, histórias e poemas para nós, enquanto prosseguimos submetendo a nossa imaginação à sintaxe e à dicção de nossos mestres bíblicos, cuja finalidade é nos moldar. No entanto, as Escrituras Sagradas constituem documento original, a fonte de autoridade, a obra do Espírito definitiva em toda a verdadeira espiritualidade.

O que desejo deixar claro é que a escrita espiritual — aquela originária do Espírito — exige uma leitura igualmente espiritual, que honre as palavras como sagradas, por intermédio das quais se forma uma teia complexa de relacionamentos entre Deus e o ser humano, entre todas as coisas visíveis e invisíveis.

Só há uma modalidade de leitura que corresponde às nossas Sagradas Escrituras, uma forma de escrita que confia no poder das palavras para penetrar nossa vida e criar verdade, beleza e bondade — uma escrita que requer um leitor que, nas palavras de Rainer Maria Rilke, "nem sempre permanece curvado sobre as páginas; ele frequentemente se recosta e fecha os olhos sobre uma linha".[3] Essa é a maneira de ler citada por nossos ancestrais como *lectio divina*, muitas vezes traduzida como "leitura espiritual", leitura que penetra em nossa alma como o alimento entra em nosso estômago, espalhando-se por nosso sangue e transformando-se em santidade, amor e sabedoria.

* * *

Em 1916, um jovem pastor suíço, Karl Barth, fez um discurso no povoado vizinho de Leutwil, onde seu amigo Eduard Thurneysen era pastor. Barth tinha trinta anos. Ele havia trabalhado como pastor em Safenwil durante cinco anos, e estava apenas começando a descobrir a Bíblia. A alguns quilômetros de distância, o restante da Europa estava envolvido em uma guerra, uma batalha epidêmica com mentiras e carnificina que marcaram

---

[3] Rainer Maria Rilke, *The Notebooks of Malte Laurids Briggs*, trad. M. D. Herter (Nova York: W. W. Norton, 1954), p. 201. [No Brasil, *Os Cadernos de Malte Laurids Brigge*, trad. Renato Zwick. Porto Alegre: L&PM, 2009.]

o que um escritor da época (Karl Kraus) chamou de "o fim irreparável do que era humano na civilização ocidental"[4] — evidência política, cultural e espiritual de um mundo que se tornava inexoravelmente o que T. S. Eliot havia exposto em sua poesia, antecipando o futuro: "a terra desolada".

Numa época em que mentira e morte eram abundantes, do outro lado das fronteiras alemãs e francesas, na Suíça neutra, aquele jovem pastor descobrira a Bíblia como se fosse pela primeira vez, passando a considerá-la um livro absolutamente singular, sem precedentes. A alma e o corpo da Europa (e, eventualmente, do mundo) estavam sendo violados. Em todos os continentes, milhões de pessoas queriam saber de notícias do *front* e conhecer os discursos dos líderes mundiais, de acordo com o relato dos jornalistas. Enquanto isso, Barth, em seu pequeno povoado distante, colocava por escrito aquilo que havia descoberto: as realidades extraordinárias desse livro, a Bíblia, cheias de verdade, dando testemunho de Deus, desafiando a cultura. Passados alguns anos, ele publicou o que havia descoberto em seu comentário *Carta aos Romanos*. Foi o primeiro de uma série de livros que, nos anos seguintes, convenceriam muitos cristãos de que a Bíblia apresentava uma descrição bem mais precisa do que estava acontecendo em seu mundo aparentemente inexplicável do que aquela transmitida a eles por políticos e jornalistas. Ao mesmo tempo, Barth decidiu resgatar a capacidade que os cristãos possuem de ler as Escrituras de modo receptivo em seu caráter original, transformador. Ele tirou a Bíblia do meio da naftalina em que havia sido guardada por tanto tempo pelos acadêmicos e tantas outras pessoas, demonstrando quão viva ela permanece e como se distingue dos livros que podem ser "manipulados", ou seja, dissecados, analisados e depois usados conforme a nossa conveniência. Ele mostrou, de maneira clara e contundente, que esse tipo *diferente* de estilo (revelador e íntimo, em vez de informativo e impessoal) requer um tipo igualmente diverso de leitura (receptiva e vagarosa, em vez de reservada e acelerada). Da mesma forma, ele prosseguiu chamando a minha atenção a escritores que haviam assimilado o estilo bíblico, escrevendo de acordo com esse estilo e nos induzindo, como leitores, a reações capazes de transformar a vida. O escritor russo Dostoiévski é um exemplo. Em seus romances, ele reproduziu a inversão radical dos valores humanos

---

[4] Citado em George Steiner, *Grammars of Creation* (New Haven: Yale University Press, 2001), p. 269. [No Brasil, *Gramáticas da criação*. Rio de Janeiro: Globo, 2005.]

originais ocorrida em Gênesis, moldando seus personagens sob a rubrica do "contudo" divino, e não do "portanto".

Mais tarde, Barth publicou seu discurso em Leutwil sob o título "O estranho novo mundo no interior da Bíblia".[5] Em uma época e uma cultura nas quais a Bíblia tinha sido embalsamada e enterrada por duas gerações de eruditos agentes funerários, ele insistiu apaixonada e incessantemente em que "a criança não está morta, mas dorme", tomando-a pela mão e dizendo: "Levanta-te". Nos cinquenta anos seguintes, Barth demonstrou o incrível vigor e a energia irradiados a partir das frases e histórias desse livro, assim como nos mostrou como lê-las.

* * *

Barth defendeu a opinião de que nossa leitura da Bíblia, assim como dos escritos moldados por ela, não é orientada pelo desejo de descobrir como incluir Deus em nossa vida e fazê-lo participar de nossa existência. Nada disso. Abrimos o livro e percebemos que, a cada página, ele nos tira da defensiva, nos surpreende e atrai para uma realidade própria, induzindo-nos a um envolvimento com Deus nos termos divinos.

Ele propôs uma ilustração que se tornou famosa. Uso aqui a base de seu relato, mas, com uma pequena ajuda de Walker Percy,[6] tomei a liberdade de incluir detalhes por conta própria. Imagine um grupo de homens e mulheres em um enorme galpão. Eles nasceram nesse galpão, cresceram nele e têm ali tudo de que precisam para suprir suas necessidades e viver com conforto. Não há saídas no galpão, mas há janelas. Elas estão grossas de tanto pó; nunca são limpas e ninguém nunca se preocupa em olhar para fora. Para que olhar? O depósito é tudo o que conhecem. Ali eles têm tudo de que precisam. Certo dia, porém, uma das crianças arrasta um banquinho para junto de uma janela, raspa a sujeira e olha para fora. Ela vê pessoas caminhando nas ruas; chama seus amigos para apreciarem também. Eles se espremem ao redor da janela — não tinham ideia de que

---

[5] Karl Barth, *The Word of God and the Word of Man* (Gloucester, MS: Peter Smith, 1978 [publicado originalmente em 1928]), p. 28-50. [No Brasil, *Palavra de Deus, palavra do homem*. São Paulo: Fonte Editorial, 2020.]

[6] Ver Walker Percy, *The Message in the Bottle* (Nova York: Farrar, Straus e Giroux, 1975), p. 119-149.

havia um mundo do lado de fora de seu galpão. Notam, então, uma pessoa na rua olhando e apontando para cima; não demora muito e várias pessoas se juntam, levantando os olhos e falando animadamente. As crianças olham para cima, mas não há nada para ver além do telhado de seu galpão. Elas finalmente se cansam de espiar as pessoas na rua agindo de uma maneira esquisita, apontando para o nada e se entusiasmando com isso. Qual o sentido de ficar parado à toa, apontando para o vazio e falando com entusiasmo sobre o nada? O que aquelas pessoas da rua olhavam era um avião (ou um bando de gansos voando, ou um acúmulo gigantesco de nuvens). Quem passa na rua levanta os olhos e vê o céu e tudo o que há nele. As pessoas no galpão não têm um céu acima delas, apenas um teto.

O que aconteceria, porém, se um dia uma daquelas crianças abrisse uma porta na parede do galpão, insistisse com seus amigos para sair e descobrisse com eles o céu imenso por sobre sua cabeça e o grandioso horizonte adiante? É isso o que acontece, escreve Barth, quando abrimos a Bíblia: entramos em um mundo totalmente desconhecido, o mundo de Deus, da criação e da salvação, que se estende infinitamente sobre e além de nós. A vida no galpão nunca nos preparou para algo assim.

Como era de se esperar, os adultos no depósito zombaram das histórias das crianças. Afinal de contas, eles têm o controle completo do mundo do galpão como nunca seriam capazes de fazer do lado de fora. E desejam manter as coisas desse jeito.

* * *

Paulo foi a primeira criança que raspou a sujeira da janela para Barth, abriu uma porta no galpão e insistiu que ele saísse para o grande e *estranho* mundo do qual os escritores bíblicos dão testemunho. Em contato com essa escola de escritores, partindo de Paulo, mas logo incluindo toda a faculdade do Espírito Santo, Barth tornou-se um leitor cristão, lendo palavras a fim de ser formado pela Palavra. Só então ele passou a ser um escritor cristão.

A narrativa de Barth sobre o que lhe aconteceu foi publicada posteriormente em *Palavra de Deus e a palavra do homem*. O romancista John Updike afirmou que o livro "apresentou-me uma filosofia para viver e trabalhar e mudou desse modo a minha vida". Ao receber a medalha Campion em 1997, Updike deu crédito à fé cristã revelada na Bíblia recém-descoberta de Barth por ensinar-lhe, como escritor, "que a verdade é sagrada, e falar a verdade é uma nobre e útil profissão; que a realidade que nos rodeia é criada e vale a pena ser observada; que homens e mulheres são radicalmente imperfeitos e radicalmente valiosos".[7]

* * *

As primeiras metáforas sobre escrita e leitura que chamaram a minha atenção foram as de Kafka: "Se o livro que estamos escrevendo não nos acordar, como se fosse um punho martelando nosso crânio, por que, então, lê-lo? [...] Um livro deve ser como um machado de gelo para quebrar o oceano gelado dentro de nós".[8] Àquela altura, por força da vocação de pastor e professor, eu estava envolvido na tarefa de fazer que as pessoas se interessassem pela leitura correta das Escrituras. Fiquei desanimado ao constatar que, para elas, a leitura da Bíblia não parecia muito diferente da maneira como liam a página de esportes, a tirinha cômica ou os anúncios de emprego no jornal. Queria acordar essas pessoas e virá-las ao avesso. Queria que vissem a Bíblia como um livro que bate forte, como uma espécie de machado quebra-gelo. Quando olho para trás, lembro que a estratégia usada por mim naquele tempo era alterar a voz. Eu mal notava a violência nas minhas metáforas; queria *fazer diferença*. Foi então que uma pergunta de Wendell Berry me pegou de surpresa: "Você já acabou de matar / todos os que combatiam a paz?".[9] Compreendi que a violência implícita nessas metáforas não era exatamente adequada ao que eu tinha em mente: guiar leitores cristãos para receberem as palavras das Escrituras Sagradas como alimento para as suas almas.

Em seguida, notei que a metáfora bíblica mais surpreendente sobre a leitura era a de João comendo um livro:

> Assim me aproximei do anjo e lhe pedi que me desse o livrinho. Ele me disse: "Pegue-o e coma-o! Ele será amargo em seu estômago, mas em sua boca será doce como mel". Peguei o livrinho da mão do anjo e o comi; ele

[7] John Updike, *More Matter* (Nova York: Alfred A. Knopf, 1999), p. 843, 851.
[8] Citado por George Steiner, *Language and Silence* (Nova York: Atheneum, 1970), p. 67. [No Brasil, *Linguagem e silêncio*. São Paulo: Companhia das Letras, 1988.]
[9] Wendell Berry, *Collected Poems 1957-1982* (San Francisco: North Point, 1985), p. 121.

me pareceu doce como mel em minha boca; mas, ao comê-lo, senti que o meu estômago ficou amargo.

Apocalipse 10.9-10

Antes dele, Jeremias e Ezequiel também haviam comido livros — ao que parece, uma boa dieta para qualquer pessoa que se interesse em ler corretamente as palavras.

Para chamar atenção, isso é tão bom quanto Kafka, mas como metáfora é muito melhor. João, esse apóstolo sempre envolvente, pastor e escritor da igreja primitiva, aproxima-se do anjo e pede: "Dê-me o livro". O anjo o entrega, dizendo: "Ei-lo aqui. Coma. Coma o livro".

João faz isso: come o livro — não apenas o lê. O livro agora é parte de seus terminais nervosos, de seus reflexos, de sua imaginação. O livro que comeu constitui as Escrituras Sagradas. Assimilado por sua adoração e oração, sua imaginação e seus escritos, o livro que comeu foi metabolizado no livro que escreveu, o primeiro grande poema da tradição cristã e o último livro da Bíblia, o Apocalipse.

* * *

Dom Austin Farrer, de Oxford, em suas Palestras de Bampton, referiu-se à "disciplina proibida da leitura espiritual",[10] característica que as pessoas comuns atribuíram a esse texto formador da alma. Proibida por exigir que leiamos com toda a nossa vida, e não apenas empregando as sinapses em nosso cérebro. Proibida por causa das infindáveis evasivas que inventamos para evitar o risco da fé em Deus. Proibida por causa de nossa incansável criatividade, que nos leva a usar qualquer conhecimento adquirido sobre "espiritualidade" como justificativa para nos sentirmos como deuses. Proibida porque, quando finalmente aprendemos a ler e decodificar as palavras na página, descobrimos que mal começamos. Proibida porque exige tudo de nós — músculos e ligamentos, olhos e orelhas, obediência e adoração, imaginação e oração. Nossos ancestrais criaram essa "disciplina proibida" (a expressão que usavam para defini-la era *lectio divina*[11]) como o currículo básico na mais exigente de todas as escolas, a Escola do Espírito

---

[10] Austin Farrer, *The Glass of Vision* (Westminster: Dacre, 1948), p. 36.
[11] Os detalhes dessa "proibição" serão analisados na Parte II, *Lectio divina*.

Santo, estabelecida por Jesus quando disse aos discípulos: "Quando o Espírito da verdade vier, ele os guiará a toda a verdade [...] receberá do que é meu e o tornará conhecido a vocês" (Jo 16.13,15; tb. 14.16; 15.26; 16.7-8). Toda escrita que sai dessa escola exige esse tipo de leitura participativa, em que as palavras são recebidas de tal forma que se fixam em nosso interior, os ritmos e imagens se tornando práticas de oração, atos de obediência, estilos de amor.

Palavras faladas ou escritas de acordo com essa metáfora da digestão — aceitas com liberalidade, degustadas, mastigadas, saboreadas, engolidas e digeridas — provocam em nós um efeito muito diferente daquele proporcionado pelas que chegam de fora, seja na forma de propaganda ou informação. A propaganda trabalha a vontade de outra pessoa sobre nós, tentando nos induzir a uma ação ou crença. À medida que somos movidos pela propaganda, nós nos inferiorizamos, tornando-nos marionetes nas mãos de um escritor ou orador. Não há dignidade nem alma em uma marionete. E a informação reduz as palavras à condição de mercadorias que podemos usar segundo a nossa vontade. As palavras são removidas de seu contexto primitivo no universo moral e dos relacionamentos pessoais a fim de serem usadas como ferramentas ou armas. Tal transformação da linguagem em commodity também reduz tanto os que falam quanto os que ouvem a simples mercadorias.

Ler é uma dádiva imensa, mas apenas se as palavras forem assimiladas, interiorizadas na alma — comidas, mastigadas, roídas, recebidas com deleite, sem pressa. As palavras de homens e mulheres mortos há muito tempo, ou separados por quilômetros e/ou anos, saltam da página e entram em nossa vida com frescor e precisão, transmitindo verdade, beleza e bondade; palavras que o Espírito de Deus usou e usa para soprar vida em nossa alma. Nosso acesso à realidade se aprofunda até os séculos passados, espalhando-se através dos continentes. No entanto, essa leitura também carrega consigo perigos sutis. Palavras apaixonadas de homens e mulheres, ditas em pleno êxtase, podem terminar desinteressantes na página e dissecadas por um olhar impessoal. Palavras de fúria, proferidas em meio a um sofrimento excruciante, podem se tornar rudes e secas, montadas e rotuladas como espécimes em um museu. O perigo em toda leitura é o de as palavras serem deturpadas em forma de propaganda ou reduzidas a mera informação, simples ferramentas e dados. Silenciamos a voz viva e reduzimos as palavras ao que podemos usar por conveniência e para obter lucro.

Um salmista zombou de seus contemporâneos por reduzirem o Deus vivo que falava e lhes dava ouvidos a um deus-objeto de ouro ou prata que pudessem usar. "Tornem-se como eles aqueles que os fazem e todos os que neles confiam" (Sl 115.8). Essa é uma advertência útil quando lidamos diariamente com a incrível explosão de tecnologia de informação e técnicas de propaganda. Essas palavras precisam ser resgatadas.

PARTE I

COMA ESTE LIVRO

Eu sou o pão da vida. Os seus antepassados comeram o maná no deserto, mas morreram. Todavia, aqui está o pão que desce do céu, para que não morra quem dele comer.

João 6.49-50

Saber muito e não saborear nada — de que adianta isso?

Bonaventura

2

A comunidade dos santos, à mesa, com as Escrituras Sagradas

As Escrituras constituem o texto primordial da espiritualidade cristã. A espiritualidade cristã, como um todo, está arraigada no texto bíblico e é moldada por ele. A vida espiritual não se dá a partir de uma combinação casual entre nossas leituras favoritas e as circunstâncias individuais; somos formados pelo Espírito Santo de acordo com o texto das Escrituras Sagradas. Deus não nos encarrega de formar nossa espiritualidade pessoal. Crescemos conforme a Palavra, revelada e inculcada em nós pelo Espírito.

A presença dominante das Escrituras Sagradas como o texto formador para o cristão sempre foi desafiada. No decorrer dos séculos, as pessoas descobriram que preferiam outros meios de obter direção e orientação para a vida cristã. A comunidade da igreja, porém, resistiu firmemente a essas outras preferências e manteve-se fiel à autoridade bíblica.

Dissemos "não", por exemplo, à ideia de entrar em contato com Deus por meio de estados visionários de êxtase. Estados emocionais exacerbados costumam ser muito cativantes, principalmente entre adolescentes. Há neles uma sensação estimulante de imediatismo; parece algo tão autêntico, tão vivo. A designação genérica "entusiasmo" costuma ser associada a essa condição da alma que atraiu e continua a atrair pessoas a desvios motivados pela autogratificação e ao beco sem saída dos vícios. Nossos mestres mais sábios sempre nos ensinaram que deveríamos nos manter afastados dessas coisas.[1]

Dizemos "não" às hercúleas tarefas de heroísmo moral cujo objetivo é demonstrar as potencialidades divinas que carregamos. O desafio da conduta heróica, especialmente a moral, bombeia adrenalina em nosso fluxo

---

[1] Ver Ronald Knox, *Enthusiasm* (Nova York: Oxford University Press, 1961 [publicado originalmente em 1950]).

sanguíneo e nos liberta das mediocridades que nos cercam e atiram na lama do lugar-comum. Dizemos "não" à reclusão em cavernas na montanha onde podemos nos esvaziar de todos os pensamentos, sentimentos e desejos até que nada reste em nós para nos separar do acesso imediato à realidade. Há algo tão puro, tão simples, tão despojado nisso. A filosofia zen substitui as Escrituras cristãs.

Mas o "texto" que parece estar no topo da lista de leituras favoritas hoje em dia é o que trata do "eu" soberano. Um amigo contou-me recentemente que um conhecido seu, leitor constante da Bíblia, percebeu certo dia que sua vida não estava de acordo com o que era preconizado nas Escrituras. Decidiu, então, conforme suas próprias palavras, "fazer da minha vida a autoridade máxima, em lugar da Bíblia". Nossa cultura atual, tanto secular quanto religiosa, costuma apoiar esse tipo de decisão. Usar a soberania do ego como texto-base tornou-se uma característica de nossa espiritualidade contemporânea em suas várias manifestações. Os resultados, porém, não são animadores: a onda de interesse na espiritualidade que cresceu neste milênio não parece estar promovendo justiça eficaz e amor fiel, dois dos mais óbvios efeitos de uma vida cristã saudável e santa. De fato, chegamos agora a um ponto em que o termo "espiritualidade" evoca, sobretudo, práticas relacionadas à busca da transcendência, em vez de uma vida caracterizada por firmeza, paixão, bondade e justiça — qualidades historicamente atribuídas a essa palavra.

Os cristãos não podem negligenciar o cuidado com a popularidade dessas espiritualidades baseadas na soberania do ego. Às vezes, eles se impressionam com tais pirotecnias espirituais e chegam até mesmo a admirá-las. No entanto, a reflexão madura não estimula esse tipo de atitude. Em contraste com as espiritualidades egoístas e glamorosas, a nossa é um caminhar a pé, literalmente a pé; seguimos Jesus dando um passo após o outro. E para saber quem ele é, aonde vai e o que fazer para seguir suas pegadas, pegamos um livro, o Livro, e o lemos.

* * *

Quero combater essa prática tão difundida de alçar a experiência pessoal a autoridade máxima em nossa vida, em vez da Bíblia. Quero tirar as Escrituras cristãs das margens da imaginação contemporânea, para onde foram tão rudemente empurradas por seus concorrentes elegantes, e restabelecê-las à posição que devem ocupar no centro, como o texto por excelência que nos possibilita uma vida cristã boa e profunda. Quero confrontar e expor essa substituição da autoridade da Bíblia pela autoridade do "eu". Meu desejo é colocar a experiência pessoal sob a autoridade da Bíblia, e não acima dela. Quero trazer a Bíblia para diante de nós como o texto pelo qual vivemos, esse texto que se acha em completo contraste com a miscelânea de psicologia religiosa, autoajuda, experimentação mística e diletantismo devocional que passaram a caracterizar grande parte do que se abriga hoje sob o guarda-chuva da "espiritualidade".

Existe, em nossos dias, um enorme interesse pela alma. Na igreja, tal interesse se evidencia em certa atenção renovada que se dedica a questões de teologia espiritual, liderança espiritual, direção espiritual e formação espiritual. Mas não há um reavivamento correspondente quando se trata do interesse em nossas Escrituras Sagradas. Teologia, liderança, direção e formação espiritual exigem que nos voltemos para a obra do Espírito Santo tanto na vida individual quanto na corporativa, seja na dimensão pública ou política da vida. No entanto, os que mais se entusiasmam com essa obra costumam demonstrar pouco interesse pelas Escrituras Sagradas, o livro que nos é dado pelo Espírito Santo. É uma questão de urgência fazer que o interesse por nossa alma corresponda ao interesse por nossas Escrituras, e pela mesma razão: as Escrituras e a alma são os principais campos de operação do Espírito Santo. Quando separado do interesse pelas Escrituras, o interesse pela alma fica sem dispor de um texto que a molde. Da mesma forma, o interesse pelas Escrituras divorciado do interesse pela alma não nos disponibiliza material algum para que o texto seja trabalhado.

Costuma ser consenso na comunidade cristã o fato de Bíblia ser um texto com autoridade, por intermédio do qual Deus se revela. Não pretendo discutir esse assunto aqui; ele já foi suficientemente exposto e estudado por nossos teólogos e eruditos das Escrituras. Minha tarefa é ressaltar seus efeitos: as Escrituras não só nos revelam Deus, mas nos inserem nessa revelação e nos aceitam como participantes dela. Meu desejo é chamar atenção para o fato de que é possível viver a Bíblia, toda a Bíblia; trata-se de um texto que constitui fundamento para a nossa vida. A Bíblia revela um mundo criado, ordenado, abençoado por Deus, no qual nos encontramos inteiros e à vontade.

Quero começar com a metáfora "Coma este livro". Pretendo resgatar a metáfora com todas as suas implicações para a comunidade cristã em que vivo. Quero gravar esse imperativo na imaginação da geração cristã da qual faço parte para que ocupe um lugar honrado na companhia de grandes mandamentos do evangelho que se encontram agrupados na vanguarda da percepção entre todos os seguidores de Jesus. A maioria de nós leva consigo um punhado de mandamentos essenciais que nos mantêm nos trilhos: "Ame o Senhor seu Deus de todo o seu coração... ame o seu próximo... honre seu pai e sua mãe... arrependa-se e creia... guarde o sábado... não ande ansioso... dê graças por tudo... ore sem cessar... siga-me... vá e proclame... carregue a sua cruz...". Acrescente este ao seu repertório: "Coma este livro". Não apenas leia a Bíblia, mas coma esse livro.

* * *

Os cristãos se alimentam das Escrituras Sagradas. Elas nutrem a comunidade de santos como o alimento nutre o corpo humano. Não se trata apenas de aprender, estudar ou usar as Escrituras; nós, cristãos, as assimilamos, introduzindo a Palavra em nossa vida para que seja metabolizada e transformada em atos de amor, copos de água fresca, missões pelo mundo inteiro, cura, evangelismo e justiça em nome de Jesus, mãos levantadas em adoração ao Pai, pés lavados na companhia do Filho.

O imperativo metafórico nos chega apoiado pela autoridade de João, o Teólogo ("o Divino", na versão King James original):

> Assim me aproximei do anjo e lhe pedi que me desse o livrinho. Ele me disse: "Pegue-o e coma-o! Ele será amargo em seu estômago, mas em sua boca será doce como mel". Peguei o livrinho da mão do anjo e o comi; ele me pareceu doce como mel em minha boca; mas, ao comê-lo, senti que o meu estômago ficou amargo.
>
> Apocalipse 10.9-10

Isso cativa a sua atenção? João é uma figura de autoridade. Ele era pastor de cristãos marginalizados, política e economicamente fracos, em uma sociedade em que o compromisso de seguir a Cristo os rotulava como criminosos do Estado. Sua tarefa era ajudar aquelas pessoas a não perder o foco em relação à identidade cristã e manter a vida cheia do Espírito, o discipulado vigoroso, a esperança viva contra os enormes obstáculos que enfrentavam e, sobretudo, garantir que o Jesus vivo, que fala e age, continuasse a ser o centro da existência. João não queria que eles se limitassem à mera sobrevivência, como se estivessem apenas se segurando a um salva-vidas em plena tempestade. Ele queria que as pessoas vivessem, e vivessem de verdade, vencendo a oposição de todos os que as cercavam. É isso que os profetas, pastores e escritores fazem, e nunca é fácil. Não é mais fácil hoje do que foi para João.

João é mais conhecido até hoje por suas extravagâncias apocalípticas — aquelas visões impetuosas, turbulentas e marcantes que vieram a ele em uma manhã de domingo, enquanto adorava na ilha-cárcere de Patmos. Em meio às mensagens visionárias, ele vislumbrou um anjo gigantesco, com um pé plantado no oceano e o outro no continente, segurando um livro. Desse púlpito abrangendo terra e mar, o anjo pregava, a partir do livro, um sermão explosivo como se acompanhado de trovões. Esse sermão não faria ninguém dormir! João começou a escrever o que escutava — ele nunca ouvira um sermão como aquele —, mas lhe disseram para não continuar. Uma voz disse a João para pegar o livro com o enorme anjo, aquele mensageiro de Deus que pregava de seu púlpito singular que abarcava o mundo. Foi o que ele fez; aproximou-se do anjo e pediu: "Dê-me o livro". O anjo lhe entregou o livro, mas respondeu: "Ei-lo aqui; coma-o. Coma este livro. Não tome apenas notas do sermão. Coma o livro". João obedeceu. Pôs de lado seu caderno de notas e o lápis. Pegou a faca e o garfo. Comeu o livro.

As imagens são complexas, como todas as visões do Apocalipse de João — uma fusão de imagens de Moisés, dos profetas e de Jesus. Essa visão do anjo-pregador está repleta de reverberações. Mas o que parece mais imediato e óbvio é que o poderoso anjo está pregando a Bíblia, as Escrituras Sagradas. O livro que João comeu era a Bíblia, ou a parte da Bíblia já escrita na época. A palavra "livro" (em grego, *biblion*, que chegou ao nosso idioma como "Bíblia") sugere que a mensagem dada por Deus a nós tem significado, plano e propósito. Escrever um livro requer ordenação de palavras de maneira deliberada. Essas palavras fazem sentido. Não chegamos a Deus por meio de adivinhação: ele se revela. Essas palavras bíblicas revelam a Palavra que criou o céu e a terra; elas revelam a Palavra que se tornou carne em Jesus para a nossa salvação. A Palavra de Deus é escrita, entregue e traduzida para nós a fim de que possamos participar do plano. Seguramos essa Bíblia e a lemos para que possamos ouvir e reagir diante dessas palavras criadoras e salvadoras, tornando-nos, com isso, imediatamente parte da criação e da salvação.

O ato de comer o livro significa que ler não se reduz a um ato objetivo de olhar as palavras e determinar seu significado. Comer o livro está em oposição direta ao ensinamento que quase todos nós recebemos sobre a leitura, isto é, desenvolver no leitor uma objetividade fria que tenta preservar a verdade científica ou teológica, eliminando ao máximo qualquer participação pessoal que possa contaminar o sentido. Mas nenhum de nós começa a ler dessa maneira. Tenho uma neta que come livros. Quando estou lendo uma história para o irmão dela, a menina pega outra em uma pilha e a mastiga. Está tentando colocar o livro dentro de si da maneira mais rápida que conhece: não por meio dos ouvidos, mas pela boca. Ela não faz muita distinção entre ouvidos e boca — qualquer abertura serve, contanto que o engula. Em breve, porém, ela irá à escola e verá que essa não é a maneira correta de ler livros. Aprenderá que precisa buscar respostas neles; que o objetivo da leitura é passar nas provas. Sendo aprovada, colocará o livro na prateleira e comprará outro.

A leitura que João está experimentando, no entanto, não é do tipo que nos prepara para uma prova. Comer um livro implica engolir tudo, assimilando-o nos tecidos de nossa vida. Os leitores se tornam aquilo que leem. Se a Escrituras Sagradas são bem mais que um simples falatório sobre Deus, elas precisam ser internalizadas. A maioria de nós tem opiniões sobre Deus que não hesita em verbalizar. Mas só porque uma conversa (ou um sermão, uma palestra) inclui a palavra "Deus", isso não a qualifica como verdadeira. O anjo não instrui João a passar informações sobre Deus; ele ordena que assimile a Palavra de Deus para que, ao falar, ela se expresse naturalmente em sua sintaxe, assim como o alimento que comemos, quando somos saudáveis, é inconscientemente assimilado em nossos nervos e músculos e atua quando falamos e agimos.

Palavras — ditas e ouvidas, escritas e lidas — têm por objetivo produzir algo em nós, gerar saúde e integridade, vitalidade e santidade, sabedoria e esperança. Sim, coma esse livro.

Como mencionado anteriormente, João não foi o primeiro profeta bíblico a comer um livro como se fosse um sanduíche. Seiscentos anos antes, Ezequiel recebeu um livro e a mesma ordem para comê-lo (Ez 2.8—3.3). O contemporâneo de Ezequiel, Jeremias, também comeu a revelação de

Deus, sua versão da Bíblia Sagrada (Jr 15.16). Ezequiel e Jeremias, como João, viveram em uma época na qual havia muita pressão para viver de acordo com um texto diferente daquele revelado por Deus nas Escrituras Sagradas. A dieta da Escrituras Sagradas para os três resultou em frases consistentes, metáforas de uma clareza impressionante e uma vida profética de sofrimento corajoso. Se estivermos correndo o risco (e certamente estamos) de sucumbir à tendência, tão disseminada em nossa cultura, de afastamento das Escrituras Sagradas, substituindo-as pelo texto da própria experiência (necessidades, desejos e sentimentos) como autoridade em nossa vida, os três impetuosos profetas João, Ezequiel e Jeremias, responsáveis pela formação do povo de Deus nos piores períodos (exílio na Babilônia e perseguição romana), podem nos convencer da necessidade mais básica: sim, coma esse livro.

A comunidade cristã gastou uma enorme quantidade de energia, inteligência e oração para aprender a "comer esse livro", como fez João em Patmos, Jeremias em Jerusalém e Ezequiel na Babilônia.[2] Não precisamos saber tudo dele para ir à mesa, mas conhecê-lo, mesmo que em parte, ajuda muito, especialmente em uma época na qual tantos de nossos contemporâneos o tratam como um simples aperitivo. A ordem incisiva do anjo é também um convite. Venha à mesa e coma esse livro, pois cada palavra pretende fazer algo em nós, proporcionar saúde e inteireza, vitalidade e santidade a nosso corpo e nossa alma.

---

[2] James M. Houston fornece um relato dessa tríade "energia, inteligência e oração" em *The Act of Bible Reading*, org. Elmer Dyck (Downers Grove, IL: InterVarsity, 1996), p. 148-173.

3

As Escrituras como texto: Aprendendo o que Deus revela

Nossa vida, ou seja, nossa experiência — as necessidades, os desejos e os sentimentos —, é importante para formar a vida de Cristo em nós. Nossa vida, em última análise, é a matéria a ser formada. Mas não é ela que constrói o texto que orienta a formação em si. Espiritualidade significa, entre outras coisas, levar-nos a sério. Significa nadar contra a correnteza cultural que nos relega o tempo todo à condição servil de gente que manda e gente que faz, despersonalizados atrás dos rótulos de nossos diplomas ou salários. No entanto, há muito mais em nós do que utilidade e reputação, os lugares onde estivemos e as pessoas a quem conhecemos; há a imagem única, irreproduzível, eterna, de Deus em mim. Uma vigorosa reafirmação da dignidade pessoal é fundamental para a espiritualidade.

Há um senso geral de que jamais podemos nos levar muito a sério. Acontece que Deus nos leva muito a sério. Fomos criados "de modo especial e admirável" (Sl 139.14). Mesmo assim, é possível que nos subestimemos, pois há muito mais em nós do que nossos genes e hormônios, emoções e aspirações, empregos e ideais. Há Deus. A maior parte (senão tudo) do que somos e de quem somos tem a ver com Deus. Quando tentamos nos compreender e desenvolver por conta própria, acabamos perdendo a maior parte daquilo que somos.

Desse modo, a comunidade cristã sempre insistiu que as Escrituras Sagradas que revelam os caminhos de Deus para nós são necessárias e básicas para a nossa formação como seres humanos. Ao ler a Bíblia, acabamos entendendo que aquilo de que precisamos não é primordialmente da ordem da informação (dados sobre Deus e nós mesmos), mas da ordem da formação: o que nos molda e transforma em nosso verdadeiro ser.

Faz parte da natureza da linguagem formar, em vez de informar. Quando a linguagem é pessoal (o que acontece quando ela se apresenta em sua melhor forma), ela revela; e a revelação é sempre formativa — não ficamos sabendo mais; passamos a ser mais. Nossos melhores usuários da linguagem, poetas e amantes, crianças e santos, usam palavras para gerar as coisas — gerar intimidades, gerar o caráter, gerar a beleza, gerar a bondade, gerar a verdade.

O Deus que revela e se revela

Começamos pelo começo. Chamamos esse livro de "revelação": Deus revelando sua pessoa e seus caminhos a nós. Não tanto contando alguma coisa, mas se *mostrando* a nós. Livros têm autores. Embora saibamos que as palavras das Escrituras são impressas nas páginas das nossas bíblias, para a igreja cristã Deus sempre foi, de uma forma ou de outra, responsável por esse livro em termos de revelação, e não apenas um mero fornecedor de informações. A autoridade da Bíblia deriva diretamente da presença autoral de Deus. Em outras palavras, não se trata de uma autoridade impessoal, uma reunião de fatos ou verdades. Não se trata da autoridade teórica que atribuímos à legislação codificada em uma biblioteca jurídica nem a autoridade factual de um livro de matemática. Isso é revelação, dada a nós de modo pessoal — dando-nos acesso a algum mistério, contando-nos ao pé do ouvido o que significa viver como homens e mulheres criados à imagem de Deus.

A primeira comunidade cristã recebeu, já pronta, uma Bíblia que chamamos hoje de Antigo Testamento: a Torá, os Profetas e os Escritos normativos do povo hebreu. Para a primeira geração e algumas posteriores, aqueles rolos hebraicos eram a Bíblia cristã. Mas, a seguir, os escritos de Paulo e de outros líderes nas comunidades cristãs primitivas começaram a circular amplamente, contendo as histórias de Jesus que forneciam conteúdo para as boas-novas, o "evangelho" que estava sendo pregado e ensinado com tanta alegria quanto urgência. Esses documentos foram reconhecidos como continuação das Escrituras Sagradas que o povo cristão já reverenciava e ensinava. Aos poucos, tornou-se óbvio para aquelas gerações que os dois conjuntos de escritos formavam um todo harmonioso, que havia uma continuidade "autoral" entre as Escrituras hebraicas, que faziam parte da sua tradição havia tanto tempo, e esses novos Evangelhos e Cartas que emergiram entre adoradores e testemunhas cristãos. O reconhecimento levou algum tempo; não aconteceu de repente. Afinal de contas, era necessário que a mente se adaptasse a essa nova realidade, que consistia em acolher, por exemplo, um livro fino escrito por Marcos ao lado dos cinco volumes maciços da Palavra de Deus atribuídos a Moisés. A princípio, era um despropósito acolher as cartas de Paulo, escritas para grupos inexperientes de cristãos novos praticamente desconhecidos, e colocá-las no mesmo nível dos Salmos testados pelos séculos e do magistral Isaías. Apesar de brilhantemente escritas, como eram as cartas de Paulo, isso não parecia provável. Mas aconteceu. A comunidade dos santos acabou reunindo os dois conjuntos, os dois "Testamentos", fazendo deles um único livro: a nossa Bíblia Sagrada. Em uma centena de anos, mais ou menos, os primeiros cristãos possuíam essencialmente a mesma Bíblia Sagrada que temos hoje.

Nem todos concordaram com o que foi feito: o voto não foi unânime. Havia facções que não queriam ter nada a ver com os velhos rolos hebreus. Eles argumentavam que o Deus em evidência naqueles antigos livros não estava nem mesmo remotamente ligado ao Deus revelado e pregado por Jesus. Havia também outras facções (vários grupos de gnósticos) que passaram ao outro extremo: queriam incluir no conjunto tudo o que parecesse bom, que prometesse uma mensagem "secreta", entre os muitos textos espiritualmente enriquecedores que estavam sendo escritos. Espiritualidades "secretas" e "edificantes" eram tão populares naquela época como são hoje. Pouco a pouco, contudo, a comunidade cristã filtrou o que era sensacional e sem sentido e ousou designar o seu consenso como a Palavra de Deus.

A Santíssima Trindade: uma questão pessoal

O mais importante para nós, neste momento em que tentamos compreender como esse texto deve ser lido, é o que aconteceu com a reunião desses dois conjuntos de escritos. O processo começou com as Escrituras normativas para o povo de Deus, Israel. Em seguida, entraram em cena os novos Evangelhos e as Cartas pessoais dirigidas às recém-formadas comunidades cristãs. Foi então que chegou o momento de analisar os pontos de continuidade que podiam ser identificados naqueles dois conjuntos tão diferentes de livros.

No curso das discussões e escritos da igreja, o consenso que emergiu foi o de que, em meio a todas aquelas diferenças e diversidades, havia uma única voz, e essa voz era pessoal: a voz de Deus se revelando. Essa qualidade pessoal, reveladora, foi formulada no que chamamos hoje de Trindade, um conceito que nos capacita a manter coerente e coesa a diversidade da revelação. Não pretendo aqui entabular discussões extensas acerca da Trindade; o que desejo dizer neste contexto é que nossos ancestrais formularam esse conceito, o da Trindade, no processo de leitura das mesmas Escrituras que temos hoje a fim de manter o sentido de uma voz única e pessoal em meio a todas as vozes.

Entre os séculos 4 e 5, as mentes mais brilhantes da igreja se empenharam na leitura dessas Escrituras para compreender como Deus exercia, de modo pessoal e singular, sua soberania entre nós. A formulação do conceito da Santíssima Trindade é uma obra incrível de gênio, suficientemente grande e detalhada para justificar tudo o que Deus é e faz, mostrando, ao mesmo tempo, que todos nós estamos implicados nisso, não importa quem somos, o que fazemos ou de onde viemos. O conceito foi trabalhado com afinco e por bastante tempo, gerando livros, concílios, argumentações, pregações, pressão e até brigas. Era importante chegar à conclusão certa, e aqueles cristãos tinham essa noção. Eles sabiam que não era um trabalho que pudesse ser deixado para teólogos acadêmicos isolados em bibliotecas — era uma questão que exigia solução prática. Tratava-se não apenas de pensar corretamente, mas de viver da forma certa, considerando os conteúdos bíblicos passíveis de experiência viva e pessoal.

Em essência, o resultado foi o seguinte: ao ler as Escrituras, percebemos que Deus tem uma identidade estável e coerente: Deus é um. Deus, porém, se revela de várias maneiras que, a princípio, parecem nem sempre se ajustar. Há três maneiras óbvias de vermos Deus atuando e se revelando: o Pai (todo o mundo da criação se acha em primeiro plano aqui), o Filho (a invasão de Jesus Cristo na confusa história humana e sua obra de salvação) e o Espírito (a condução de nossa vida para a vida de Deus é o elemento prático aqui). É sempre o mesmo Deus, mas a "pessoa", a "face" ou a "voz" pela qual recebemos a revelação varia.[1]

Cada parte da revelação, cada aspecto, cada forma é *pessoal* — Deus é profundamente relacional — e, portanto, o que for dito, revelado e

---

[1] Karl Barth prefere o termo "modo de ser ou de existir [...] Deus está em três modos de ser: Pai, Filho e Espírito Santo". Ver *Church Dogmatics*, vol. 1: *The Doctrine of the Word of* (Edimburgo: T & T Clark, 1936), parte 1, p. 413.

recebido é também pessoal e relacional. Não há nada impessoal, nada simplesmente funcional; tudo, do começo ao fim, é pessoal. Deus é inerente e inclusivamente pessoal.

O corolário disso é que eu, por ser gente, estou pessoalmente envolvido na revelação. Cada palavra que ouço, aquilo que vislumbro em minha mente à medida que essa história se desenrola, tudo me envolve em termos relacionais e me impele a participar, *faz diferença* para a constituição de minha identidade básica, afetando quem sou e o que faço.

O que desejo enfatizar é que o pensamento trinitariano se desenvolveu no decorrer de dois ou três séculos, mediante uma leitura paciente e arguta desses dois Testamentos, em espírito de oração, por parte de nossas mães e nossos pais. Eles compreenderam, de forma gradual, que as diferenças não eram assim tão grandes. Enquanto liam e ouviam as frases de Isaías e Paulo, Moisés e Marcos, Davi e João, perceberam que estavam ouvindo a mesma voz, que chamaram de "Palavra de Deus". Quando ouviram essa voz, entenderam também que ela se dirigia a eles como pessoas que possuíam dignidade, propósito e liberdade, capazes de crer, amar e obedecer.

O caráter autoral das Escrituras Sagradas foi considerado pessoal no Pai, no Filho e no Espírito Santo. Sendo pessoal, também era relacional, o que significava que ler/ouvir as Sagradas Escrituras exige leitura/audição pessoal, relacional, participativa. Essa constatação foi acompanhada da compreensão de que as Escrituras Sagradas, em que Deus revela quem é, também incluem a revelação de quem somos: há abrangência e participação pessoal de ambos os lados, autor e leitor.

Talvez essa seja a característica mais importante que precisa ser compreendida quando lemos, estudamos e cremos nessas Escrituras Sagradas: esse Deus rico, vivo, pessoalmente revelador, como experimentado no Pai, no Filho e no Espírito Santo, dirige-se pessoalmente a nós em quaisquer circunstâncias em que nos encontremos, seja qual for a nossa idade, em qualquer estado em que nos ache — eu, você, nós. A leitura cristã é participativa: acolhemos as palavras de modo a interiorizá-las em nossa vida até que os ritmos e as imagens se tornem práticas de oração, atos de obediência, meios de amar.

Não devemos, nem sequer por um momento, supor que a Trindade seja algo inventado pelos teólogos para lidar com os mistérios avançados, muito distantes da faina diária de pessoas que, como nós, têm filhos e precisam trabalhar para viver. Nada disso: foi obra de cristãos como nós (alguns deles talvez um pouco mais inteligentes do que nós!), que aprendiam e ensinavam uns aos outros como ler suas bíblias de maneira tão plena, atenta, pessoal e responsável quanto possível. Eles queriam ler de modo a tornar a vida coerente com o texto. Convencidos de que esse texto era a autoridade para viver bem tanto agora quanto na eternidade, queriam absorver tudo e da maneira certa.

Despersonalizando o texto

Nem todos, entretanto, leem a Bíblia desse modo ou querem fazê-lo dessa maneira. Muitos a consideram interessante por outras razões; são atraídos a ela por conta de outras finalidades. A Bíblia adquiriu muita autoridade no decorrer dos séculos, e é julgada útil ou interessante de outras maneiras, além de envolver-nos na revelação de Deus.

Sempre existiu muita gente fascinada pelos desafios intelectuais apresentados pela Bíblia. Se você tem uma mente curiosa e gosta de exigir o máximo de seu potencial, dificilmente poderá fazer melhor escolha do que se tornar especialista das Sagradas Escrituras. Entre em qualquer biblioteca teológica e percorra os corredores de obras cuidadosamente catalogadas sobre a Bíblia, de maneira geral, e sobre cada um dos livros que a compõem. Você ficará impressionado. Pegue um livro ao acaso na prateleira e terá a certeza quase absoluta de estar diante da evidência de um intelecto de primeira linha que esteve investigando aquelas páginas para descobrir a verdade e chegou a resultados muito impressionantes e interessantes. Linguagem, história, cultura, ideias, geografia, poesia... a Bíblia contém tudo isso. A pessoa pode passar a vida inteira diante da Bíblia — lendo, estudando, pregando e escrevendo — sem jamais esgotá-la.

Há outros que se aproximam da Bíblia com um propósito mais prático: querem viver bem e ajudar seus filhos e vizinhos a fazer o mesmo. Eles sabem que a Bíblia oferece conselhos sadios e orientações confiáveis para ter sucesso neste mundo, o que costuma ser confundido pelas pessoas com a conquista de riquezas, saúde e sabedoria. A Bíblia tem a reputação de fornecer um roteiro sólido para o comportamento pessoal e social, e todos querem se beneficiar dela. As pessoas costumam ter a terrível tendência de criar problemas. A Bíblia pode manter-nos fora do fosso e no caminho reto e estreito.

Além disso, é claro, há sempre um número considerável de pessoas que lê a Bíblia pelo que costuma ser chamado de "inspiração". Há muitas passagens lindas e confortadoras nas Escrituras. Quando estamos solitários, sofrendo ou ansiosos por palavras que nos tirem da monotonia, o que há de melhor do que a Bíblia? As histórias emocionantes de Elias, os ritmos majestosos dos Salmos, a pregação retumbante e engenhosa de Isaías, as parábolas encantadoras de Jesus, a energia dinâmica dos ensinos de Paulo. Se estiver em busca de uma leitura bíblica devocional e aconchegante, terá de escolher com muito critério: há grandes porções que podem fazer você relaxar até dormir ou continuar de olhos abertos a noite toda. Mas há pouca literatura disponível na maioria das livrarias bíblicas que lhe diga quais partes da Bíblia ler quando deseja receber conforto ou consolo — ou qualquer outra coisa que seu estado de espírito exigir.

Não quero ser severo demais com qualquer desses grupos de leitores da Bíblia, especialmente considerando que eu mesmo pertenci, durante um bom tempo, a cada um deles. No entanto, desejo chamar a sua atenção para o fato evidente de que, seja qual for o grupo com o qual você se identifique, a Bíblia será *usada para os seus propósitos*, e esses propósitos não exigirão necessariamente nada em termos de relacionamento. É possível se aproximar da Bíblia com toda a sinceridade, respondendo ao desafio intelectual que ela faz, pela orientação moral que oferece ou pela edificação espiritual que promove, sem tratar de modo algum com um Deus pessoal e revelador que tem desígnios pessoais a seu respeito.

Vamos usar os mesmos termos com os quais começamos: é possível ler a Bíblia de vários ângulos diferentes e com vários propósitos sem lidar com Deus como ele se revelou; sem se colocar sob a autoridade do Pai, do Filho, e do Espírito Santo, que está vivo e presente em tudo que somos e fazemos.

Sejamos bem claros: nem todos que se interessam pela Bíblia e até se entusiasmam com ela querem se envolver com Deus.

Deus, porém, é o livro em si. No último livro que escreveu, C. S. Lewis falou de dois tipos de leitura: aquela que usamos ao ler um livro para propósito pessoal e aquela em que assimilamos o propósito do autor. A primeira só assegura leitura negativa; a segunda abre a possibilidade para uma boa leitura:

> Quando a *recebemos,* empregamos nossos sentidos e nossa imaginação, assim como vários outros poderes, segundo um padrão inventado pelo

artista. Quando a *usamos*, nós a consideramos como ajuda para as nossas atividades. [...] *Usar* é inferior a *receber* porque a arte, se for usada em vez de recebida, simplesmente facilita, alegra, alivia ou suaviza a nossa vida, mas não acrescenta nada a ela.²

É por isso que a noção daquilo que a igreja formulou como Santíssima Trindade é tão importante quando nos aproximamos desse livro, a Bíblia. Lemos com o objetivo de penetrar na revelação de Deus, tão fortemente *pessoal*; lemos a Bíblia como ela chega a nós, e não como nós nos achegamos a ela. Nós nos submetemos às variadas e complementares operações de Deus Pai, Deus Filho e Deus Espírito Santo; recebemos essas palavras para que possamos ser formados agora, e por toda a eternidade, para a glória de Deus.

A trindade substituta

Uma nova guinada nas formas não trinitarianas de leitura bíblica surgiu em nossos dias. Ela alcançou o nível de uma epidemia e exige atenção especial. Pode ser mais bem compreendida, creio eu, como uma trindade substituta. Ao contrário das leituras despersonalizadas do texto que acabamos de abordar (intelectual, prática, inspirada), esse método é muito pessoal e muito trinitariano, mas também está totalmente em desacordo com o que obtemos ao ler em submissão à autoridade da Santíssima Trindade.

A reflexão e a oração trinitarianas diante das Escrituras Sagradas servem para cultivar uma atitude de submissão que propicia o desenvolvimento em Deus tal como ele se revela ampla e pessoalmente como Pai, Filho e Espírito Santo nas Sagradas Escrituras. A alternativa a isso é nos encarregarmos de nossa formação. A maneira mais popular de conceber esse "eu" hoje em dia é entendendo-o sob uma perspectiva trinitariana. Esse tipo de compreensão pessoal não é como a de um intelectual interessado em ideias, um ser moral buscando uma vida boa ou uma alma

---

²C. S. Lewis, *An Experiment in Criticism* (Cambridge: University Press, 1961), p. 88. [No Brasil, *Um experimento em crítica literária*. Rio de Janeiro: Thomas Nelson Brasil, 2019.] Lewis também forneceu esta ilustração: "Receber [...] é como pegar carona na bicicleta de um homem que pode conhecer muitas estradas pelas quais jamais passamos. Usar é como ligar um motor na própria bicicleta e, em seguida, sair para dar uma volta igual às de sempre".

procurando consolo solitário, mas como a de um ser divino encarregado do próprio "eu". E esse ser divino é tido como uma santíssima trindade.

Veja como funciona. É importante observar que, na formulação dessa nova trindade, que define o "eu" como o texto soberano para a vida, a Bíblia não é ignorada nem banida; ela mantém, de fato, um lugar de honra. Mas as três pessoas, Pai, Filho e Espírito Santo, são substituídas por uma trindade pessoal, muito individualizada, composta por meus desejos santos, minhas necessidades santas e meus sentimentos santos.

Vivemos em uma época na qual todos são treinados desde o berço para escolher por conta própria o que é melhor para si. Passamos por alguns anos desse tipo de aprendizado antes de sermos deixados por nossa conta e risco, mas o treinamento começa cedo. Na hora em que podemos segurar uma colher, escolhemos entre meia dúzia de cereais para a refeição matinal. Nossos gostos, nossas inclinações e nossos apetites são consultados interminavelmente. Logo estamos decidindo as roupas e o corte de cabelo que vamos usar. As opções são muitas: quais os canais de tevê a que vamos assistir; que cursos faremos na escola; qual a faculdade que cursaremos; quais as matérias que vamos estudar; que modelo e cor de carro compraremos; que igreja vamos frequentar. Aprendemos cedo, com múltiplas confirmações enquanto crescemos, que temos o direito de opinar quanto à formação de nossa vida e, dentro de certos limites, até o direito à opinião decisiva. Se a cultura fizer um trabalho caprichado — e no que diz respeito a isso, ela é bastante eficaz com a maioria de nós —, entramos na idade adulta supondo que necessidades, desejos e sentimentos formam o centro de controle divino de nossa vida.

A nova santíssima trindade. O "eu" soberano se expressa em necessidades santas, desejos santos e sentimentos santos. O tempo e a inteligência que nossos ancestrais dedicaram para compreender a soberania revelada no Pai, no Filho e no Espírito Santo são usados pelas pessoas hoje em dia para confirmar e validar a soberania de necessidades, desejos e sentimentos.

Minhas necessidades são inegociáveis. Meus chamados "direitos", definidos individualmente, são fundamentais à minha identidade. Minha necessidade de realização, de expressão, de afirmação, de satisfação sexual, de respeito, minha necessidade de seguir meu próprio caminho — tudo isso oferece um fundamento para a centralidade do ego e fortifica o meu "eu", evitando que ele seja minimizado.

Meus desejos são evidências de meu senso amplo de reino. Treino a mim mesmo para pensar grande porque sou grande, importante, significativo. Sou uma pessoa extraordinária e, por isso, exijo mais e mais mercadorias e serviços, mais bens e mais poder. O consumo e a aquisição são os novos frutos do espírito.

Meus sentimentos revelam a verdade de quem sou. Qualquer coisa ou pessoa que possa me oferecer êxtase, excitação, alegria e estímulo, tudo isso com uma conexão espiritual, valida a minha soberania. Isso, é claro, implica o emprego de um grande elenco de terapeutas, agentes de viagem, aparelhos e máquinas, recreações e entretenimentos para expulsar os demônios do tédio, da perda ou do descontentamento — todos os sentimentos que corroem ou desafiam a minha autossoberania.

Nos últimos duzentos anos, uma literatura vasta, tanto erudita quanto popular, foi desenvolvida para compreender essa nova santíssima trindade de necessidades, desejos e sentimentos que formam o "eu" soberano. Ela se reduz a um imenso volume de conhecimento. Nossa nova classe de mestres espirituais é composta de cientistas e economistas, médicos e psicólogos, educadores e políticos, escritores e artistas. Eles equivalem, em inteligência e paixão, aos nossos teólogos da igreja primitiva, e também são tão religiosos e sérios quanto eles, pois sabem que aquilo que descobrem tem enorme implicação sobre a vida diária. Os estudos que conduzem e a instrução que oferecem no serviço do deus que somos nós, da divindade composta por nossas necessidades santas, desejos santos e sentimentos santos, são convincentes e seguidos de modo confiante. É difícil não se deixar convencer diante do testemunho de todos esses especialistas. Sob a tutela deles, eu quase sinto a certeza de que sou o texto com autoridade para orientar a minha vida.

Poderíamos supor que a pregação dessa nova religião trinitariana não representa grande ameaça às pessoas batizadas no nome triplo da Trindade, que regularmente, e em espírito de oração, recitam os credos trinitarianos dos apóstolos e de Niceia; que começam suas orações com a invocação "Pai nosso..."; que saem da cama todos os dias para seguir Jesus como Senhor e Salvador; e que gostam de cantar: "Vem, Santo Espírito de Deus, e mora em nosso ser...".

Essa soberania rival, no entanto, está envolta em uma linguagem muito espiritual, e somos tão facilmente convencidos de nossa soberania espiritual que ela acaba prendendo realmente a nossa atenção. Os novos mestres espirituais nos asseguram de que todas as nossas necessidades espirituais estão incluídas na nova trindade: nossa necessidade de significado e transcendência, nosso desejo de uma vida mais abundante, nossos sentimentos de relevância espiritual — e, naturalmente, sobra algum espaço para Deus, na medida dos seus desejos. A nova trindade não se desliga de Deus ou da Bíblia; ela simplesmente os coloca a serviço das necessidades, dos desejos e dos sentimentos. O que nos agrada, pois fomos treinados durante toda a nossa vida a tratar a todos e a tudo desse modo. Fica tudo no mesmo terreno. É a prerrogativa da soberania.

Em nossos dias, tornou-se terrivelmente claro que a realidade central da comunidade cristã, a soberania de Deus revelando-se em três pessoas, é contestada e deturpada por praticamente tudo o que aprendemos na escola e na universidade, tudo o que é apresentado na mídia, cada expectativa social, profissional e política que nos orienta, à medida que os especialistas nos asseguram sobre a soberania do ego. Essas vozes parecem tão perfeitamente sintonizadas conosco, e se expressam com tamanha autoridade, feitas sob medida para nos mostrar como exercer o nosso "eu" soberano, que mal percebemos o fato de termos trocado as nossas Bíblias por esse novo texto, o "eu" santo. E, mesmo assim, não continuamos frequentando os estudos bíblicos e lendo os versículos ou capítulos diários rigorosamente? Uma vez que somos o tempo inteiro estimulados a consultar as nossas necessidades, os nossos sonhos e as nossas preferências, mal notamos a mudança daquilo que professamos crer há tanto tempo.

O perigo de instalar o "eu" como o texto com autoridade para a vida, ao mesmo tempo que honramos as Sagradas Escrituras, dando a elas um lugar de proeminência na estante, é tão grande quanto insidioso. Nenhum de nós está imune ao perigo.

Por essa razão, é tão urgente relembrar a ordem do anjo a João. Se desejamos conservar a nossa identidade e se queremos dispor de um texto pelo qual vale a pena viver — um texto que nos faça continuar na companhia do povo de Deus e nos mantenha cientes de quem ele é e como ele trabalha —, devemos simplesmente comer esse livro.

* * *

A pura realidade é que, a despeito de toda a nossa sofisticação, nosso conhecimento e nosso conhecimento próprio, não sabemos o suficiente para dirigir a nossa vida. A triste condição de vida de muitos que usaram os próprios experimentos como texto para a sua existência é uma refutação que condena as pretensões de soberania do "eu". Precisamos de um texto que revele o que não podemos saber simplesmente combinando o conhecimento adquirido no decorrer das eras. O livro (a Bíblia) revela o Deus que se permite revelar. Com isso, o mundo, a vida e nós mesmos somos revelados. Precisamos conhecer a condição do terreno sobre o qual estamos vivendo. É necessário saber o que está envolvido neste país da Trindade, o mundo da criação, da salvação e da bênção divinas.

Deus e seus caminhos não são aquilo que quase todos imaginam. A maior parte do que os amigos na rua, os jornais e a televisão falam sobre Deus e seus caminhos é puro erro. Talvez não seja completamente errado, mas errado o suficiente para confundir a maneira como vivemos. E a Bíblia é, precisamente, revelação — uma revelação de algo que nunca poderíamos determinar sozinhos.

Sem esse texto firmemente estabelecido no centro de autoridade de nossa vida comunal e pessoal, vamos soçobrar. Afundaremos em um pântano de homens e mulheres bem-intencionados e atolados impiedosamente em nossas necessidades, desejos e sentimentos.

Hoshia

Há alguns anos, quando estávamos em Israel, minha esposa e eu fomos convidados para ir a uma sinagoga judia ortodoxa durante o período de orações matinais. Nós nos encontrávamos no pequeno povoado galileu de Hoshia. Eram 7h30. Havia ali cerca de quatorze ou quinze rapazinhos de doze a dezessete anos, assim como um punhado de homens mais velhos. Os meninos liam a Bíblia — um rolo grosso que dois meninos removeram cerimoniosamente de seu lugar ("a arca"), colocaram reverentemente em uma mesa de leitura e desenrolaram até o ponto designado para o período da manhã. Eles a manuseavam com enorme reverência e orgulho. Depois, um deles leu, mas só parecia estar lendo, pois havia memorizado tudo, a Torá inteira, os primeiros cinco livros da Bíblia. Soubemos mais tarde que todos os meninos haviam decorado o texto inteiro — sabiam tudo de cor, do começo ao fim. Eles se mostravam absolutamente inconscientes do que faziam, tão pueris, tão obviamente à vontade e alegres em sua tarefa.

Quando o serviço de orações e leituras terminou, alguns dos rapazinhos ficaram para conversar conosco. Sentiam orgulho de sua sinagoga e de seus rolos, contentes por nos contar o que faziam. Não se pareciam em nada com meninos relutantes obrigados a fazer seus deveres de casa nem com estudantes aparentemente piedosos tentando impressionar Deus com a sua devoção. Eram apenas garotos, mas haviam descoberto, com prazer, como a Bíblia trabalha neles, revelando um Deus vivo, tais Escrituras sendo digeridas por eles ao se reunirem todas as manhãs para comer o livro.

Ficamos comovidos com a devoção jubilosa daqueles rapazinhos diante da revelação divina dada a eles e contida naquele rolo; com o fato de não se limitarem a falar, mas também a viver a centralidade e a autoridade dessas Escrituras Sagradas. Ainda mais comovidos nos sentimos quando, depois de algum tempo, conversamos sobre como muitos meninos e meninas, homens e mulheres, em reuniões no mundo todo (homens e mulheres famintos), estavam fazendo a mesma coisa, e como fomos abençoados por ter compartilhado tantas boas refeições com muitos deles — refeições substanciosas, que satisfazem a alma.

4

As Escrituras como forma: Seguindo o caminho de Jesus

O poderoso anjo do Apocalipse, usando o cosmos como seu púlpito, um pé plantado no mar e o outro na terra e a Bíblia na mão, pregou. Ele pregou a Palavra de Deus. As palavras escritas no texto eram como trovões aos ouvidos de João.

João (você deve se lembrar) ficou impressionado, agarrou seu caderno de anotações e um lápis, começando a escrever o que acabara de ouvir. Uma voz do céu lhe disse que não escrevesse o que havia escutado, mas que tomasse o livro e o comesse. As palavras no livro haviam acabado de ser novamente proferidas, tiradas da página e postas em movimento no ar, meio pelo qual podiam entrar nos ouvidos. Quando João começou a tomar nota da mensagem que ouvira, o trovão dessas frases reverberando através da terra e do mar, e a escrevê-la, ele foi detido; isso seria como tirar o fôlego das palavras e torná-las mudas, sem um som sequer no papel. O anjo pregador acabara de tirá-las da página impressa, e João as colocaria no mesmo lugar onde estavam. "Não", diz a voz celestial, "quero essas palavras lá fora, criando ondas sonoras, entrando pelas orelhas, entrando em vidas. Quero essas palavras pregadas, cantadas, ensinadas e repetidas em oração. Quero que sejam vividas."

Em seguida, a voz orienta João a tomar o livro do anjo. Ele o toma e o anjo lhe diz: "Coma-o. Ponha esse livro em seu estômago. Faça as palavras desse livro circularem pelo seu sangue. Mastigue e engula as palavras para que possam se transformar em músculos, cartilagem e ossos". E foi o que ele fez: comeu o livro.

* * *

Estou fazendo uso da metáfora "coma esse livro" como meio de enfocar e esclarecer o que significa o contato com as Escrituras Sagradas e como a comunidade dos santos aprendeu a comê-las, recebê-las, de modo a nos formar como cristãos, homens e mulheres criados, salvos e abençoados por Deus Pai, Deus Filho e Deus Espírito Santo.

O capítulo anterior, "As Escrituras como texto: Aprendendo o que Deus revela", foi uma orientação sobre a natureza pessoal e reveladora das Escrituras Sagradas. Todas essas palavras são passadas de pessoa a pessoa — o Deus manifestado em três pessoas se dirige pessoalmente a nós, plenamente capazes (como pessoas) de estabelecer um relacionamento. A Santíssima Trindade proveu um meio de compreender a natureza irredutível, pessoal e relacional desse texto, e reafirmou que a única leitura compatível com o que está escrito é também pessoal e participativa.

Neste capítulo, "As Escrituras como forma: Seguindo o caminho de Jesus", quero analisar como essas palavras pessoais chegam à nossa vida e ligam o caminho de Jesus com aquele em que nós os vivemos agora. Quero observar como a forma das Escrituras é também a forma de nossa vida.

***

Começo com um poema de Wendell Berry, um dos guias mais sábios de nosso tempo, no qual a pequena fazenda em que vive e trabalha é uma metáfora para a formação. Durante quarenta anos, em uma sucessão de romances, poemas e ensaios, Berry tem reorganizado nossa imaginação cristã para cultivar integralidades, viver como um todo espiritualmente orgânico. Em seu poema "From the crest" [Lá do alto], ele trabalha a sua metáfora de modo a nos convidar para uma reflexão sobre as Escrituras Sagradas, e de como esse livro dá forma à vida cristã.

> Venho tentando ensinar a mente
> a suportar o longo e lento crescimento
> dos campos, e a cantar sobre
> sua passagem enquanto ela espera.
>
> A fazenda deve ser uma forma,
> unindo interminavelmente
> céu e terra, luz

e chuva, trazendo de volta
as formas e atividades do solo.[1]

O que Berry vê em sua fazenda como uma forma, vejo nas Escrituras como uma forma. Pense na fazenda como um todo orgânico, mas com limites demarcados para que você possa estar atento a tudo que acontece e manter contato com todas as inter-relações: a casa e o estábulo, os cavalos e as galinhas, o clima de sol e de chuva, o alimento preparado na casa e o trabalho realizado nos campos, as máquinas e as ferramentas, as estações. Tudo segue um ritmo constante, calmo, bem ajustado.

Não cresci em uma fazenda, mas em um região agrícola, e fui muitas vezes a fazendas e ranchos. Meu pai era açougueiro. Íamos com frequência às fazendas para comprar e abater gado, porcos e cordeiros. Tenho certeza de que há exceções, mas, ao recordar as oportunidades que tive de passar por essas fazendas, não consigo me lembrar de nenhum agricultor que mostrasse pressa. Os agricultores, por definição, trabalham duro, mas há trabalho demais para se fazer com pressa. Tudo em uma fazenda é bem entrosado, tanto no que diz respeito ao lugar quanto ao tempo. Tudo está ligado entre si; se você se apressar e quebrar os ritmos da terra, das estações e do tempo, as coisas desmoronam; acaba complicando algo que começou na semana ou no mês passado. Uma fazenda não é um primor de tranquilidade; há muita coisa acontecendo fora do seu controle. As fazendas nos ensinam a ter paciência e atenção: "Venho tentando ensinar a mente / a suportar o longo e lento crescimento / dos campos, e cantar sobre / sua passagem enquanto ela espera".

Se qualquer coisa ou pessoa for tratada fora de seu contexto, isto é, isolada como algo separado das condições da estação, do clima ou da condição das máquinas ou das pessoas, há uma violação: "A fazenda deve ser uma forma, / unindo interminavelmente / céu e terra, luz / e chuva, trazendo de volta / as formas e atividades do solo".

---

[1] *I am trying to teach my mind / to bear the long, slow growth / of the fields, and to sing / of its passing while it waits.*

The farm must be made a form, / endlessly bringing together / heaven and earth, light / and rain building back again / the shapes and actions of the ground.
Wendell Berry, *Collected Poems* (San Francisco: North Point, 1985), p. 190-191.

Nesse aspecto, as Escrituras Sagradas são uma forma: uma área medida em acres, cercada de palavras e frases de muitas espécies e vários tipos, mas todas elas integram o trabalho que está sendo feito, operando em ritmos calmos e constantes dos quais nós, os leitores, participamos, mas não controlamos. Entramos com espírito meditativo nesse mundo de palavras e assentimos com obediência e alegria. Submetemos nossa vida a esse texto que está "unindo interminavelmente / céu e terra".

A história

O texto para a vida cristã e, portanto, para a teologia espiritual, estabelecido nos contornos espaçosos desse contexto de boas-vindas a Jesus, ancorado no Espírito, definido por Deus e emoldurado pela Trindade, é a Bíblia, nossas Escrituras Sagradas. A Bíblia vem a ser uma história longa e abrangente, uma meta-história. A vida cristã é conduzida historicamente. A Bíblia é, acima de tudo, uma narrativa — uma imensa, vasta e extensa narrativa.

A história é o meio verbal básico para transmitir a Palavra de Deus. Devemos ser gratos por isso, pois a história é a nossa forma mais acessível de discurso. Jovens e idosos gostam de ouvir histórias. Letrados e iletrados contam e ouvem histórias. Nem a estupidez nem a sofisticação nos isolam do campo magnético da história. O único rival sério da história, em termos de acessibilidade e atração, é a música, e nossa Bíblia contém muitas delas.

Existe, porém, outra razão para a conveniência de uma história como um meio importante de transmissão da Palavra de Deus. A história não nos conta apenas algo e deixa as coisas assim; ela nos convida a participar. Um bom contador de histórias nos faz adentrar suas narrativas. Sentimos as emoções, envolvemo-nos no drama, identificamo-nos com os personagens, percebemos recessos e brechas da vida que não havíamos notado antes, compreendemos que há mais neste negócio de sermos humanos do que havíamos pensado. Se o contador de histórias for bom, portas e janelas se abrem. Nossos contadores de história bíblicos, tanto hebreus como gregos, eram bons no sentido moral e também estético da palavra.

As histórias honestas respeitam a nossa liberdade; não nos manipulam, não nos forçam, não nos desviam da vida. Elas nos conduzem ao mundo amplo em que Deus cria, salva e abençoa. Primeiro, mediante a nossa imaginação, e depois, pela fé (imaginação e fé são parentes próximas aqui), as histórias nos oferecem um lugar na narrativa, nos convidam para a história maior que acontece sob os vastos céus dos propósitos divinos, em contraste com as historinhas maliciosas que cozinhamos em prato quente dentro do armário abarrotado de bobagens do ego.

Como é natural, nem todas as histórias são honestas. Há histórias sentimentais que nos tentam a escapar da vida; há histórias publicitárias que procuram nos cooptar para uma causa ou nos intimidam a uma reação estereotipada; há histórias banais que reduzem a vida a uma aventura divertida ou atraente.

A vida cristã requer uma forma adequada ao seu conteúdo, uma forma que se sinta à vontade na revelação cristã e que respeite a dignidade e a liberdade de cada indivíduo, mantendo bastante espaço para todas as nossas idiossincrasias e peculiaridades. A história fornece essa forma. A história bíblica nos convida a participar de algo maior do que nossas necessidades, definidas pelo pecado; de algo mais verdadeiro do que as nossas ambições culturais adiadas. Entramos nessas histórias e nos reconhecemos participantes (queiramos ou não) da vida de Deus.

É lamentável, mas vivemos em uma época na qual a história tem sido tirada de seu lugar de destaque no time titular da Bíblia para ocupar o banco de reservas na lateral do campo, tratada com ar condescendente como uma "ilustração", um "testemunho" ou uma "inspiração". Nossa preferência atual é por evitar a Bíblia, tanto dentro quanto fora da igreja; é pela informação, e não pela história. Via de regra, reunimos informações impessoais (pretensiosamente chamadas de "científicas" ou "teológicas"), seja de caráter doutrinário, filosófico ou histórico, com o objetivo de assumir o controle das coisas e de nossa maneira de viver. Em geral, consultamos especialistas externos para interpretar essas informações para nós. Acontece que não vivemos em função da informação. Vivemos em função de relacionamentos, dentro do contexto de um Deus pessoal que não pode ser reduzido a uma fórmula ou definição, e que tem desígnios de justiça e salvação para nós. Vivemos esses relacionamentos em uma comunidade ampla de homens e mulheres — cada pessoa, um complexo de experiências, motivações e desejos. Escolher um texto para a vida caracterizado por simples coletas de informação e orientações de especialistas deixa de fora quase tudo o que é exclusivamente *nosso* — nossas histórias, nossos relacionamentos pessoais, nossos pecados, nossa culpa, nosso caráter moral e nossa obediência fiel a Deus. Contar e ouvir uma história é o meio verbal básico de prestar contas do nosso modo de viver na realidade diária. Não existem (ou há poucas) abstrações em uma história. A história é imediata, concreta, planejada, relacional, pessoal. E quando perdemos o contato com a vida, com a *alma* — nossa vida moral, espiritual, pessoal, personificada em Deus —, a história é o melhor instrumento verbal de nos fazer de volta. Essa é a razão de a Palavra de Deus ser transmitida, em sua maior parte, na forma de história, essa vasta e abrangente meta-história.

* * *

Uma das características dos contadores de história bíblicos é certa reticência. Suas histórias possuem uma característica de austeridade, uma certa reserva. Eles não nos contam muito. Deixam uma porção de espaços em branco na narrativa, um convite implícito para entrarmos na história, como somos, e descobrir por conta própria como nos encaixamos nela. "As histórias das Escrituras, tal como a de Homero, não cortejam nosso favor, não nos lisonjeiam com o fito de nos agradar e encantar; elas procuram nos submeter, e se nos recusamos a isso, somos rebeldes."[2]

A forma como a linguagem chega a nós é tão importante quanto o seu conteúdo. Se nos enganarmos quanto à forma, é praticamente certo que reagiremos de maneira equivocada ao seu conteúdo. Se tomarmos a receita de um cozido de legumes por um conjunto de pistas para descobrir um tesouro enterrado, por mais cuidadosa que for a nossa leitura, acabaremos pobres como sempre; e famintos, para complicar ainda mais. Se nos enganarmos ao ler uma placa de aviso na estrada indicando: "velocidade máxima: 80", tomando-a como uma informação sem relevância, colocada ao acaso naquela rodovia, em vez de uma ordem expressa do tipo: "Não dirija a mais de 80 quilômetros por hora!", é grande a probabilidade de sermos obrigados a parar no acostamento e ouvir um breve mas dispendioso curso de hermenêutica ministrado por um policial. De maneira geral, aprendemos a fazer essas distinções bem cedo, e damos à forma e ao conteúdo peso equivalente na determinação do significado.

[2] Erich Auerbach, *Mimesis* (Princeton, NJ: Princeton University Press, 1953), p. 15. [No Brasil, *Mimesis: A representação da realidade na literatura ocidental*, ed. revista e aumentada. São Paulo: Perspectiva, 2021.]

No entanto, quando se trata das Escrituras, não nos saímos tão bem. Talvez seja porque elas nos chegam com tamanha autoridade — a Palavra de Deus! — que pensamos da seguinte maneira: só nos resta a submissão e a obediência. Ambas constituem parte importante do processo, mas primeiro temos de escutar. E escutar exige ouvir a maneira como ela é dita (forma), assim como o que é dito (conteúdo).

As histórias são alvos de erros de interpretação quando não nos submetemos a elas simplesmente como histórias. Somos apanhados de surpresa quando a revelação divina chega em trajes comuns, e pensamos erradamente que nos cabe cobri-la com o mais novo vestido de seda da teologia costurado em Paris, ou trajá-la com um belo terno de ética, antes de podermos lidar com ela. Histórias simples, ou não tão simples, logo ficam como Davi ao vestir a armadura de Saul: tão repleta de advertências morais, estruturas teológicas e debates acadêmicos que mal consegue se mover. Como é natural, toda história contém sempre elementos morais, teológicos e históricos que precisam ser estudados e verificados, mas que nunca se opõem à história que está sendo contada.

Uma das muitas consequências positivas de aprendermos a *ler* nossa vida nas vidas de Abraão e Sara, Moisés e Miriã, Ana e Samuel, Rute e Davi, Isaías e Ester, Maria e Marta, Pedro e Paulo, é um sentido de afirmação e liberdade: não precisamos caber dentro de compartimentos morais, mentais ou religiosos pré-fabricados para que possamos ser admitidos na companhia de Deus; somos levados a sério na condição em que estamos e recebemos um lugar na história, pois ela é, em última análise, a sua história. Nenhum de nós é o personagem principal na história da própria vida.

A teologia espiritual, usando as Escrituras como texto, não nos apresenta um código moral e diz: "Viva de acordo com ele". Ela também não estabelece um sistema de doutrina, afirmando: "Pense desse modo e viverá bem". O sistema bíblico conta uma história e convida: "Venha viver assim". É isso que significa ser humano neste mundo feito e governado por Deus, tornar-se um ser humano e amadurecer como tal. Violentamos a revelação bíblica quando fazemos uso dela para obter alguma coisa, esperando que acrescente cor e tempero à nossa vida, de certo modo insípida. Isso sempre resulta em uma espécie de "espiritualidade de decorador" — Deus se torna um adorno. Os cristãos não estão interessados nisso; buscam algo muito maior. Quando submetemos nossa vida ao que lemos nas Escrituras, descobrimos que não estamos sendo levados a ver Deus em nossa história, mas nossas histórias é que estão na de Deus. Ele é o contexto maior e a trama em que nossas histórias se encontram.

* * *

Exigimos uma forma grande e resistente o bastante para que nosso percurso como seres humanos não seja reprimido, para que não sejamos forçados a fazer alguma coisa que nos violente. Não queremos que nossa formação, que faz parte do processo de crescimento em Cristo, seja adiada; não queremos ser obrigados a aceitar algo que viole a singularidade de nossa imagem-de-Deus.

Quando nos restringimos a um só livro, a Bíblia, não nos arriscamos a tais deformações? Não há o perigo de sermos limitados demais por ela? Não existe o risco de esse livro tão antigo nos impor um estilo de vida que consideramos estranho e coercitivo? Não devemos nos proteger com textos suplementares? Muitas das pessoas que nos cercam recusam a Bíblia como autoridade sobre a vida, afirmando que ela é restrita, que nos tolhe e impõe uma visão paternalista de mundo que superamos há muito tempo.

Queremos uma espiritualidade que não imponha limites e admita todo tipo de experiência. Nosso conceito de vida é enorme — convivemos com asiáticos, africanos, eslavos, europeus, norte-americanos e latinos. Estamos descobrindo a espiritualidade notável dos aborígines australianos e do povo de Kalahari, na África do Sul. Como podemos nos satisfazer sendo o povo de um único livro?

É possível, no entanto, que estejamos fazendo a pergunta errada. Talvez tenhamos de perguntar o que estamos fazendo para ter uma vida mais abundante: será que estamos viajando pelo mundo em busca de artesanatos e lembranças para trazer para casa e montar um museu ou uma oficina na qual podemos manter o máximo de contato visual e sensorial com eles? É possível que haja outro modo de fazer isso? O que proporciona abundância: a aquisição de um monte de coisas aqui e ali ou o aprofundamento do que já possuímos? Será que nosso texto espiritual se assemelha ao de empresas multinacionais que deixam sua marca na história por meio de aquisições e fusões, que avançam tomando o controle geral, mas ignoram a cultura local e os relacionamentos familiares, transformando tudo o que tocam na suprema abstração despersonalizada que se chama "dinheiro"? Ou abraçamos o que está diante de nós, em nosso próprio quintal, e mergulhamos nossa vida no que já nos foi dado, penetrando na complexidade dos relacionamentos orgânicos intermináveis que formam este mundo e nele vivem? Henry David Thoreau, um dos sábios que os Estados Unidos canonizaram, escreveu sobre ter "viajado bastante dentro de Concord"[3] (a pequena aldeia da Nova Inglaterra onde passou a vida). Conta a tradição oral formada em torno de Louis Agassiz, o célebre biólogo e professor de Harvard, que ele voltou à sua classe depois das férias e declarou aos alunos que passara o verão viajando, e que conseguira chegar à metade de seu quintal. Eu quero viajar bastante na Escrituras Sagradas, pois elas constituem a revelação de um mundo vasto, muito maior do que o mundo impedido pelo pecado, o mundo limitado que construímos para nós mesmos com uma coleção de textos obtidos em uma venda de brechó.

Essa largueza, esse espaço não depende de pilhas de detalhes obtidos em um estudo formal das Escrituras, mas da compreensão de sua forma. Hans Urs von Balthasar, o principal teólogo do século 20 quando se trata de espiritualidade cristã, defendeu que, em questões de espiritualidade, a forma é mais importante:

> O conteúdo [*Gehalt*] não fica atrás da forma [*Gestalt*], mas dentro dela. Quem não for capaz de ver e *ler* a forma deixará, justamente por isso, de perceber o conteúdo. Quem não for iluminado pela forma também não verá luz no conteúdo.[4]

* * *

A história que constitui as Escrituras, em termos gerais, é a história do discipulado de Jesus. A comunidade cristã sempre leu essa história não só como uma entre tantas, mas como a metanarrativa que envolve, ou pode envolver, todas as histórias. Se deixarmos de reconhecer a amplitude dessa forma, nossa tendência certamente será a de tratar o texto bíblico como mero relato inspirativo ou como argumento para gerar polêmica.

---

[3] Henry David Thoreau, *Walden* (Nova York: New American Library, 1960), p. 7.
[4] Hans Urs von Balthasar, *The Glory of the Lord*, vol. 1: *Seeing the Form* (San Francisco: Ignatius, 1983), p. 151.

O vasto e abrangente mundo da revelação, do qual nosso texto espiritual dá testemunho, é uma forma narrativa mal servida quando a pulverizamos ou privatizamos. Obscurecemos a forma quando *pulverizamos* as Escrituras, dissecando o texto, analisando-o como um espécime no laboratório. Cada detalhe das Escrituras merece ser perseguido incansavelmente; nenhuma dedicação acadêmica a esse texto é jamais desperdiçada. Mas, quando a objetividade impessoal do técnico de laboratório substitui a adoração alegre de alguém que ama de verdade, acabamos com gavetas de arquivo cheias de informação, organizadas segundo a nossa conveniência, conforme as ocasiões se apresentam. Ela deixa de funcionar como revelação para nós. Muitas espiritualidades contemporâneas, em consonância com nossa era tecnológica, demonstram obsessão pela técnica. Se as Escrituras cristãs forem tratadas apenas como mais uma ferramenta para esclarecimento ou acesso ao conhecimento, que é poder, um sacrilégio estará sendo cometido. Obscurecemos também a forma quando *privatizamos* as Escrituras, usando-as para o que costumamos chamar de "inspiração". Nossas Escrituras Sagradas, é claro, são visceralmente pessoais. Somos instruídos e abençoados, corrigidos e consolados, advertidos e guiados de modo pessoal. Mas "pessoal" não é a mesma coisa que "privado". A privacidade é possessiva e leva ao isolamento. O privado é aquilo retirado do bem comum para controle, uso ou aproveitamento individual; é roubar. Quando privatizamos as Escrituras, defraudamos a moeda comum da revelação de Deus. No entanto, essa revelação nunca funciona dessa maneira. Ela nos atrai para fora de nós mesmos, para fora da individualidade que defendemos com tanto empenho, levando-nos ao mundo da responsabilidade, da comunidade e da salvação — a soberania de Deus. "Reino" é a principal metáfora bíblica para ela.

Desse modo, a comunidade da igreja insiste em se dedicar a essa forma narrativa, tão poderosa e continuamente formativa. Dizem, às vezes, que a Bíblia é uma coleção de livros que contém muitos tipos de texto: poemas e hinos, sermões e cartas, visões e sonhos, listas genealógicas e crônicas, ensinos morais, advertências e provérbios. E, claro, histórias. Mas não é bem isso. A Bíblia é *toda* articulada em história. Von Balthasar diz o seguinte: "Os antigos estudiosos das Escrituras possuíam a arte de ver a forma total dentro das formas individuais e trazê-la à luz.

Isso, naturalmente, pressupõe uma compreensão de totalidade que seja espiritual e não literária".[5]

Nada chega a nós dissociado da forma. A Bíblia, toda ela, é "incansavelmente narrativa".[6] E não podemos mudar ou deixar de lado a forma sem mudar e distorcer o conteúdo. A narrativa bíblica pressupõe essa totalidade, oferecendo um começo e um fim, intriga e desenvolvimento dos personagens, conflito e solução. Durante a maior parte da história do cristianismo, leitores atentos da Bíblia compreenderam que as muitas vozes e pontos de vista das Escrituras estão todos contidos na forma narrativa, e ganham coerência por meio dela. Em vez de tentar resolver supostos problemas de inconsistência e desarmonia, devemos ouvir as ressonâncias, os ecos, os padrões — a complexidade da verdade vivida, e não fatos destacados e rotulados.

Nós também nos descobrimos na história. Essa metanarrativa nos inclui nela. Os bons contadores de história, ao recrutar nossa imaginação, nos desafiam a participar da história por eles contada. Quando a história é boa, somos introduzidos em um mundo mais verdadeiro e mais amplo do que aquele que geralmente ocupamos; mas não se trata de um mundo estranho. (A exceção é o entretenimento escapista que falsifica deliberadamente a realidade, despersonalizando-a e manipulando-a — histórias de horror, romances tipo água-com-açúcar, pornografia, propaganda.) A boa história nos envolve naquilo que esteve diante de nós durante anos, mas que não havíamos notado, não imaginávamos ser importante ou não percebemos que tivesse algo a ver conosco. Em seguida, realmente notamos — a história nos desperta para o que está ali e sempre esteve. Sem deixar o mundo no qual trabalhamos, dormimos e nos divertimos, percebemos estar em um universo muito mais amplo; adotamos conexões, sentidos e significados em nossa vida muito além dos que os nossos patrões e professores, pais e filhos, amigos e vizinhos nos disseram; isso sem contar com as informações transmitidas pelos especialistas e pelas celebridades de quem ansiosamente nos cercamos. As Escrituras, simplesmente devido à sua forma narrativa, nos levam

---

[5] Balthasar, *The Glory of the Lord*, p. 550.
[6] Walter Brueggemann, *Theology of the Old Testament* (Minneapolis: Fortress, 1997), p. 206. [No Brasil, *Teologia do Antigo Testamento: Testemunho, disputa e defesa*. São Paulo: Paulus/Academia Cristã, 2014.]

a uma realidade na qual entramos em contato com a própria essência de nossa humanidade; o que sentimos em nossos ossos *faz diferença*. É uma história repleta do sentido de Deus, um mundo cheio de Deus, permeado pela palavra falada e não pronunciada de Deus, sua presença invisível e também percebida, de um modo tal que sabemos tratar-se da palavra para a qual fomos feitos, o mundo ao qual realmente pertencemos. Não demora muito antes de entrarmos na história de maneira imaginativa (a imaginação e a fé são novamente relacionadas aqui), assumindo nosso lugar na trama e seguindo Jesus.

Vivemos hoje em um mundo pobre de histórias; não é, portanto, de estranhar que muitos tenham o mau hábito de extrair "verdades" das histórias que leem; resumimos "princípios" que podemos usar em uma variedade de situações à nossa escolha; destilamos uma "moral" que empregamos como um slogan em um pôster ou como um lema exibido em cima da mesa. Somos ensinados a fazer isso na escola, para passar nas provas de literatura. Não é de admirar que continuemos essa prática de mutilação das histórias quando lemos a Bíblia. "História" não é coisa séria; "história" é para crianças e acampamentos. Convertemos, assim, nossas histórias no discurso "sério" da informação e da motivação. Mal notamos que perdemos a forma capaz de moldar nossa vida de maneira ampla e coerente. O texto que modela nossa espiritualidade fica reduzido a fragmentos soltos de "verdade" e "discernimento", ossos desmembrados de informação e motivação.

Repito: a maneira como a Bíblia é escrita é tão importante quanto o que é nela escrito; narrativa — essa vasta e extensa história que nos envolve em seu plano e mostra o nosso lugar em seu desenvolvimento desde o começo até o fim.[7] É preciso a Bíblia inteira para podermos ler qualquer parte da Bíblia. Cada frase da Bíblia é articulada em narrativa, e não pode ser compreendida com maior exatidão ou plenitude (se separada da história) do que qualquer uma de nossas frases pronunciadas ao longo do dia pode ser compreendida quando separada de nossos relacionamentos e de nossa cultura, assim como das várias formas como falamos com nossos

---

[7] Há uma congruência (como observado no capítulo 3) entre a presença criadora, abrangente e apropriada da Santíssima Trindade, três pessoas em uma, e a forma narrativa que observamos em nossas Escrituras. Dorothy Sayers é pródiga em análises sobre isso em seu *The Mind of the Maker* (San Francisco: Harper and Row, 1941).

filhos e nossos pais, nossos amigos e inimigos, nossos patrões e empregados — e nosso Deus. Northrop Frye, que nos ensinou tão bem a ler a Bíblia completa, escreveu que

> o contexto imediato da frase [qualquer frase nas Escrituras] pode ser tanto as trezentas páginas a seguir quanto a próxima frase ou a anterior. No plano ideal, cada frase é a chave para a Bíblia inteira. Essa não é uma declaração factual sobre a Bíblia, mas ajuda a explicar a prática de pregadores que sabiam o que estavam fazendo, como na Inglaterra do século 17. Nos sermões de John Donne, por exemplo, podemos ver como o texto nos conduz, como um guia portando uma vela, para o vasto labirinto das Escrituras — que, para Donne, constituíam uma estrutura infinitamente maior do que a catedral em que ele pregava.[8]

A frase

A história que nos coloca no vasto mundo de Deus e que nos chama para seguir Jesus é contada frase a frase. De uma maneira geral, os movimentos de andar e seguir não exigem um pensamento deliberado, mas reflexos condicionados, coordenação de músculos e nervos adquiridos nos primeiros anos de vida. Andamos sem ter de pensar sobre colocar um pé na frente do outro. Lemos uma história do mesmo modo: as frases se desenrolam uma após a outra sem termos de parar e refletir sobre cada período ou tempo verbal.

No entanto, por sermos capazes de andar sem pensar, às vezes pegamos o caminho errado e somos obrigados a planejar novamente nossos passos, recalculando as direções; quando andamos sem prestar atenção, às vezes alguém interfere e nos alerta para uma multidão de detalhes importantes — flores, pássaros, rostos — que haviam passado despercebidos ao longo do caminho, fazendo-nos parar para olhar em volta, admirados com tudo o que tínhamos perdido. A mesma coisa acontece ao lermos as Escrituras Sagradas.

Ao abrirmos caminho através da história bíblica, descobrindo nossa vida dentro dela e seguindo Jesus, de vez em quando paramos para prestar atenção aos detalhes que formam a história. Observamos a linguagem, as

---

[8] Northrop Frye, *The Great Code* (Nova York: Harcourt Brace Jovanovich, 1982), p. 208-209. [No Brasil, *O grande código: A Bíblia e a literatura*. Campinas, SP: Sétimo Selo, 2021.]

frases que levam as palavras a se relacionar umas com as outras e conosco também. As palavras nunca são simples palavras — elas transmitem espírito, significado, energia e verdade. A exegese é a disciplina que consiste em prestar atenção ao texto e escutá-lo da maneira certa.

A exegese introduz outra dimensão em nossa relação com o texto bíblico. O texto, como história, nos conduz, envolvendo-nos em algo maior do que nós; permitimos que a história nos leve aonde ela deseja. Porém, exegese é atenção concentrada, fazer perguntas, escolher entre vários significados. Exegese é trabalho rigoroso, disciplinado, intelectual. Ela raramente parece "espiritual". Homens e mulheres que, como costumamos dizer, estão "dentro" da espiritualidade, geralmente dão pouco espaço à exegese, preferindo confiar na inspiração e na intuição. Mas o longo e amplo consenso na comunidade do povo de Deus sempre insistiu em uma exegese vigorosa e meticulosa: "Dedique longa e cuidadosa atenção a este texto!". Todos os nossos mestres em espiritualidade foram e são mestres em exegética. Há muita coisa acontecendo aqui; não queremos perder nada do texto. Não queremos andar como sonâmbulos através dele.

As frases são algo maravilhoso. As palavras são reveladoras. Somos apresentados à realidade, à verdade que amplia o nosso mundo e enriquece os nossos relacionamentos. As palavras nos fazem sair de nós mesmos para entrar em um relacionamento responsável com um mundo maior de tempo e espaço, de coisas e pessoas.

As frases também são algo bastante misterioso. As palavras são cheias de segredo; podem ser usadas para falsificar e enganar. Toda a nossa experiência com a linguagem é posterior a Babel. Grande parte de nossa experiência com a linguagem é constituída do mau uso que fazemos das palavras. Não podemos afirmar que qualquer palavra que supomos conhecer é idêntica a ela mesma quando aparece em algum texto. É desconcertante descobrir que uma palavra usada de um modo na página 26 é empregada de maneira muito diferente na 72.

E não para por aí: a linguagem muda constantemente, em um fluxo contínuo. Se uma palavra foi usada de certo modo na semana passada, não podemos ter certeza de que será usada da mesma maneira na próxima semana. E temos dois mil e três mil anos de *semanas* nos separando do texto bíblico. Os dicionários quase nunca chegam a alcançá-las.

Por essa razão, a exegese não pode ser menosprezada. O texto bíblico é complexo e exigente. As principais testemunhas da revelação de Deus são o

Antigo e o Novo Testamentos: a Torá, os Profetas e os Escritos, no Antigo Testamento; os Evangelhos, as Cartas e o Apocalipse, no Novo Testamento. Esses documentos foram escritos em hebraico, aramaico e grego, idiomas que, como é costume em todas as línguas, possuem sua maneira peculiar de flexionar substantivos, conjugar verbos, inserir preposições em lugares estranhos e organizar as palavras em uma frase. Escritos em pergaminho e papiros. Escritos com pena e tinta. Escritos na Palestina, Egito, Síria, Grécia e Itália.

Nem todos precisam saber tudo isso a fim de ler as Escrituras Sagradas de maneira formativa, mas precisamos aprender a prestar atenção em nós e ao que nos rodeia quando seguimos Jesus. A exegese não é, em primeiro lugar, uma atividade especializada de eruditos, embora necessitemos muito desses estudiosos trabalhando a nosso favor. Não estamos, afinal de contas, decifrando hieróglifos, como alguns gostariam que pensássemos. Exegese é simplesmente notar e responder adequadamente (o que não é simples!) aos requisitos que as palavras exigem, que a linguagem exige de nós.

Os reformadores insistiam no que chamavam de "transparência" das Escrituras: que a Bíblia é substancialmente inteligível para a pessoa comum e não exige papa ou professor para interpretá-la. Ela é essencialmente aberta à nossa compreensão sem recorrer a especialistas acadêmicos ou a um sacerdócio privilegiado. Segundo a Confissão de Westminster, "as coisas que devem ser conhecidas, cridas e observadas para a salvação estão tão claramente expostas e abertas em algum lugar das Escrituras que não só os doutos, mas também os iletrados podem chegar a compreendê-las suficientemente pelos meios comuns".[9] O acadêmico católico Hans Urs von Balthasar se alia aos reformadores com relação à clareza das Escrituras, inflexível em sua insistência de que "a Palavra de Deus é simples e clara, e ninguém deve permitir ser desviado de um contato direto e desimpedido com a Palavra, ou que tal contato se dilua e torne impreciso por causa de problemas e reservas mentais despertadas pela ideia de que os eruditos interpretam o texto de maneira muito diferente e mais rigorosa".[10]

No entanto, isso não quer dizer que não se exija muito cuidado. Cada livro tem suas peculiaridades, e o leitor cuidadoso geralmente começa a

---

[9] *The Westminster Confession* I.vii.
[10] Hans Urs von Balthasar, *Prayer* (Londres: Geoffrey Chapman, 1963), p. 179.

aprender a ler um livro ao examinar, com calma e rigor, o conteúdo. Conforme progride na leitura, descobre um jeito próprio de fazê-la. O leitor cuidadoso (um exegeta!) procederá com cautela, permitindo que o próprio livro lhe ensine como deve ser lido. Não demora muito para se tornar evidente o fato de que nossas Escrituras Sagradas não são compostas em prosa imortal, infinita, em uma linguagem hiper-espiritual angélica que omite todas as peculiaridades e idiossincrasias da história local e do dialeto rústico da época. Há verbos que precisam ser analisados gramaticalmente, cidades e vales a serem localizados em um mapa e costumes há muito esquecidos a serem compreendidos.

Trata-se de uma inconveniência enorme, especialmente para aqueles de nós que sentem inclinação e capacidade para o que é espiritual. Torna-se quase impossível, para os que aprenderam a palavra "espiritual" em bate-papos no estacionamento da igreja ou acessando a internet, evitar a sensação de que tal atração para o espiritual lhes confere uma pequena vantagem, isentando-os do trabalho da exegese. Sentem que são conhecedores dos caminhos de Deus; possuem intuições que confirmam suas ideias e percepções. Depois que isso acontece algumas vezes, sentem que se diplomaram no tedioso recurso a léxicos e gramáticas. Afinal de contas, somos iniciados que cultivam a arte de ouvir os sussurros de Deus nas entrelinhas. Não demora muito, como a colunista Ellen Goodman afirmou certa vez, para que estejamos usando a Bíblia mais como um teste de Rorschach do que como um texto religioso e lendo aquilo que esse texto não diz.[11] Logo passamos a usar a palavra "espiritual" com maior frequência para nos referir a nós mesmos e a nossas ideias do que em referência a Deus.

Inconveniente ou não, estamos presos à necessidade da exegese. Temos uma Palavra escrita para ler e observar. É a Palavra de Deus, ou assim cremos, e seria melhor conhecê-la devidamente. A exegese é o cuidado que dedicamos para entender corretamente as palavras. A exegese é fundamental para a espiritualidade cristã. Os alicerces desaparecem de vista à medida que um prédio é construído, mas se os construtores não colocarem um fundamento sólido, seu prédio não irá durar.

Pelo fato de falarmos o nosso idioma de modo tão espontâneo, é fácil cair no hábito de tratá-lo de maneira casual. No entanto, a linguagem é

---

[11] Ellen Goodman, em *The Baltimore Sun*, 15 de junho de 1979.

quase sempre de difícil compreensão. Passamos nossos primeiros anos aprendendo o idioma, e justamente quando pensamos tê-lo dominado, nosso cônjuge se queixa: "Você não entende nada do que eu lhe digo, não é?". Ensinamos nossos filhos a falar, e quando imaginamos que já aprenderam, eles deixam de falar conosco. Quando os ouvimos conversando com seus amigos, descobrimos que não podemos entender mais do que uma entre as oito ou nove palavras que eles dizem. Um relacionamento íntimo não garante a compreensão. Um longo afeto não garante a compreensão. De fato, quanto mais próximos estamos de alguém e quanto mais íntimo for o nosso relacionamento, tanto maior deve ser o cuidado de ouvir com exatidão para compreender por inteiro, para responder adequadamente.

Isso significa, então, que quanto mais "espirituais" nos tornamos, maior deve ser nossa atenção à exegese. Quanto mais amadurecidos nos tornamos na fé cristã, mais exegeticamente rigorosos devemos ser. Essa não é uma tarefa da qual um dia podemos nos considerar livres. As palavras que nos foram dadas nas Escrituras estão constantemente encobertas por preferências pessoais, suposições culturais, distorções pecaminosas e adivinhações ignorantes que poluem o texto. Os poluentes estão sempre no ar, juntando pó sobre as nossas Bíblias, corroendo o uso da linguagem, especialmente a linguagem da fé. A exegese é um pano de pó, uma escova de esfregar ou mesmo um ingrediente especial para manter limpas as palavras.

É útil, para os leitores da Bíblia, manter contato com alguns de nossos principais exegetas; a maneira mais fácil de fazer isso é usando os comentários que eles escrevem. Os comentários bíblicos, em sua maioria, são utilizados por pastores ou professores na preparação de sermões ou palestras. Eles são tratados como "ferramentas". Há, porém, tesouros para o leitor comum da Bíblia nesses livros. Para aqueles entre nós que leem (comem) esse texto não como preparação para cumprir uma incumbência, mas simplesmente com o objetivo de buscar orientação e alimento para seguir Jesus (ou seja, para a maioria de nós), os comentários bíblicos têm sido há muito tempo ignorados como leitura comum para cristãos comuns.

Recomendo a leitura de comentários da mesma maneira como lemos romances: desde o início até o fim, sem perder nada. Eles são, de fato, meio fracos no que se refere a intrigas e desenvolvimento dos personagens, mas sua dedicada atenção às palavras e à sintaxe é suficiente. Nos comentários, intriga e personagens (o plano da salvação e a pessoa do

Messias) estão implícitos em toda parte e reafirmam o tempo todo a sua presença, mesmo que não sejam mencionados em dezenas ou até centenas de páginas. O poder desses substantivos e verbos antigos, século após século, para produzir discurso inteligente por parte de homens e mulheres instruídos continua sendo um prodígio digno de admiração.

Para quem considera as Escrituras uma paixão, ler comentários sempre me pareceu algo equivalente a uma reunião de torcedores de futebol no bar depois de uma partida, repetindo em detalhes infindáveis o jogo que acabaram de assistir, discutindo (talvez até brigando) sobre seus pontos de vista e entremeando o discurso com fofocas sobre os jogadores. O nível de conhecimento evidente nesses colóquios etílicos é impressionante. Esses fãs passam anos a fio acompanhando cada jogo; os jogadores são nomes familiares para eles; conhecem todas as regras do esporte e ficam atentos a cada nuança no campo. Seu interesse no assunto é imenso, evidenciado pela abundância de seus comentários. Como eles, aprecio um comentário, não só por seu caráter informativo, mas também pela conversa com amigos instruídos e experimentados, pesquisando, observando, questionando o texto bíblico. Absorvido por esse plano que se estende grandiosamente de Gênesis a Apocalipse; capturado pela presença messiânica que nos salva a todos na morte e na ressurreição — há tanta coisa para se notar, tanto a discutir.

Nem todos os comentários dão conta do recado. Alguns deles são escritos por acadêmicos que parecem não ter interesse em Deus ou na história. Outros, porém, conseguem me convencer de que oferecem companhia agradável e indispensável a todos os leitores do texto que, enquanto seguem Jesus, não desejam perder nada ao longo do caminho.[12]

* * *

Muitos leitores da Bíblia supõem que exegese é o que você faz depois de ter aprendido grego e hebraico. Isso não é verdade. Exegese é apenas uma leitura cuidadosa do texto em nossa língua materna, feita com amor. É de grande valia ler grego e hebraico, mas, se você não teve esse privilégio, permaneça em seu idioma. Se aprendermos a amar esse texto e a vê-lo

---

[12] Sugeri vários dos comentários que mais aprecio no capítulo 15 do livro *Take and Read* (Grand Rapids, MI: Eerdmans, 1996).

com inteligência e disciplina, não estaremos muito distantes dos melhores eruditos gregos e hebraicos. Aprecie os especialistas nas Escrituras, mas não se deixe intimidar por eles.

Exegese é algo muito diferente de presunção; exegese é um ato de amor — amor por aquele que fala o suficiente para desejar a compreensão correta de cada palavra. Exegese é amar a Deus o bastante para parar e ouvir cuidadosamente o que ele diz. Por conseguinte, damos a esse texto atenção e tempo, apreciando cada vírgula e ponto-e-vírgula, admirando a estranheza de determinada preposição, deliciando-se na colocação surpreendente de um ou outro substantivo. Quem ama não se limita a dar uma olhadinha rápida no objeto amado para captar uma "mensagem" ou "sentido" e depois sair correndo para conversar com os amigos sobre seus sentimentos; não é esse o comportamento de quem ama.

* * *

Há "exegetas" que fazem exatamente isso: tratam a Bíblia como se ela fosse um depósito de informação, ignorando o óbvio — que ela nos é dada em forma de uma história que pretende moldar toda a nossa vida na história do discipulado de Jesus, uma vida vivida para a glória de Deus.

Em meados do século 19, quando esse conhecimento árido e despersonalizado era uma mortalha sobre a vida espiritual da Inglaterra, George Eliot criou o personagem Casaubon (em seu romance *Middlemarch*) para expor ao ridículo esse sacrilégio do intelecto. Casaubon era um sacerdote erudito da igreja anglicana, obcecado por dominar o conhecimento religioso e depois escrever sobre o que havia dominado. Dorothea Brooke, uma jovem estudante cheia de idealismo e vitalidade, casou-se com ele pretendendo ajudá-lo no que julgava ser sua nobre missão. Mas não havia vida nos livros que Casaubon estudou e escreveu; eram palavras mortas, sem conexão com coisa alguma ou com alguém vivo, menos ainda com sua ardente e exuberante esposa, que exalava vida. Foram necessárias apenas algumas semanas para Dorothea compreender que se casara com um cadáver.

Um contemporâneo de George Eliot, Robert Browning, inspirou-se nesse romance para escrever o poema "A Grammarian's Funeral" [O funeral de um gramático], zombando do velho exegeta pretensioso, porém morto, que "não decidiu Viver, mas Conhecer". Ele "resolveu a questão em *Hoti* — deixe como está! — / *Oun* adequadamente fundamentado —/ Deu-nos a doutrina do *De* enclítico / Morto da cintura para baixo".[13]

Mais recentemente, Marianne Moore usou a metáfora de um rolo compressor (em seu poema "To a Steamroller" [Para um rolo compressor] a fim de expor essa violação do texto, pesada e sem vida:

A ilustração
nada vale sem a aplicação.
    Falta-lhe entendimento. Você esmaga todas as partículas
    para que se conformem, e depois passa por cima delas.

Lascas cintilantes de pedra
são esmagadas ao nível do bloco que lhes deu origem.
    Se o "juízo impessoal nos assuntos estéticos não fosse
    uma impossibilidade metafísica", você

poderia facilmente alcançá-lo.
Quanto às borboletas, mal posso conceber
    uma visitando-o, mas questionar
    a congruência do complemento é vão, se é que existe.[14]

O irmão de Marianne Moore era pastor de uma igreja presbiteriana no Brooklyn, e ela adorava a Deus naquela congregação todas as manhãs de domingo. Ela provavelmente não estava se referindo a ele como o "rolo compressor"; todas as indicações são de que apreciava bastante a pregação e o trabalho pastoral do irmão. No entanto, Marianne teve acesso à mentalidade predominante entre os pastores e acadêmicos da época (anos 1930), que desdenhavam todos os detalhes e as complexidades vivas das palavras e frases de nossas Escrituras Sagradas. Em vez disso, colocavam-nas a

---

[13] [...] *decided not to Live but Know.* [...] *settled* Hoti's *business — let it be! — Properly based* Oun — *Gave us the doctrine of the enclitic* De / *Dead from the waist down.* Robert Browning, *The Poems and Plays* (Nova York: Modern Library, 1934), p. 169.

[14] *The illustration / is nothing to you without the application. / You lack half wit. You crush all the particles down / into close conformity, and then walk back and forth on them.*
    Sparkling chips of rock / are crushed down to the level of the parent block. / Were not 'impersonal judgment in aesthetic / matters, a metaphysical impossibility,' you might fairly achieve / It. As for butterflies, I can hardly conceive / of one's attending upon you, but to question / the congruence of the complement is vain, if it exists.
Marianne Moore, *The Complete Poems* (Nova York: MacMillan, 1967), p. 84.

serviço de uma doutrina ou uma causa: "Você esmaga todas as partículas [leia "palavras"] / para que se conformem e depois passa por cima delas", forçando o texto a se tornar uma estrada apenas superficial, útil, prática, doutrinária. E morta.

Exegese, porém, não significa dominar o texto; significa submeter-se a ele como nos é dado. A exegese não controla o texto e deixa que ele nos "leia". Exegese é um ato de humildade sustentada: há tanto a conhecer sobre esse texto que eu jamais saberei! Os cristãos continuam voltando a ele, com toda a ajuda que podem obter de filólogos e arqueólogos, historiadores e teólogos, permitindo que sejamos formados por esse texto.

Humildade, sim. Pois, quanto mais aprendemos e quanto maior é o conhecimento que adquirimos — especialmente quando se trata de conhecimento bíblico, conhecimento de Deus —, tornamo-nos mais propensos à tentação de caminhar por nossa própria conta com nosso maravilhoso conhecimento e usando o que sabemos para dirigir nossa vida e a de outros da maneira que desejamos. Esse texto, no entanto, nunca teve a pretensão de nos treinar e equipar para a competência, diplomando-nos em uma habilidade que faça de nós uma classe superior de cristãos, certificados e enviados para fazer a obra de Deus entre os biblicamente impuros.

Se o conhecimento adquirido mediante a leitura e o estudo do texto bíblico, texto que nos chama ao discipulado de Jesus, acaba nos desviando do próprio Jesus que começamos a seguir, estaríamos em melhor condição se nunca tivéssemos aberto o livro.

No entanto, sem exegese, a espiritualidade se torna tola, aguada. Espiritualidade sem exegese acaba autoindulgente. Sem uma exegese disciplinada, a espiritualidade se transforma em um dialeto próprio, a partir do qual defino todos os verbos e substantivos-chave de minha própria experiência. A oração termina coxeando, entre suspiros e gaguejos.

Século após século, as técnicas exegéticas na comunidade cristã foram polidas e nossas metodologias, aprimoradas. É uma imensa ironia que uma geração com acesso à melhor exegese bíblica, mesmo entre o chamado "clero instruído", permaneça, em grande parte, indiferente a ela.

* * *

A história dá forma às frases; estas, por sua vez, oferecem conteúdo à história. Seguir Jesus requer que as duas permaneçam juntas, totalmente integradas. Sem a forma da história, as frases na Bíblia (os versículos bíblicos) funcionam como uma enciclopédia, uma coletânea de informações entre as quais selecionaremos aquela de que precisamos no momento. Sem frases precisamente formadas, a história é editada e revisada com base em sugestões sedutoras de alguns e em urgências ameaçadoras de outros, nenhum dos quais demonstrando muito interesse em seguir Jesus. Esse texto, porém, foi concedido, antes de qualquer outra coisa, para nos tornar seguidores de Jesus. Se a história mais ampla ou o detalhamento das frases forem usados para outras finalidades, por mais admiráveis e atraentes que sejam, para que perder tempo com elas?

5

As Escrituras como roteiro: Desempenhando nosso papel no Espírito

"Coma este livro" é a minha metáfora preferida para abordar a leitura de nossas Escrituras Sagradas formativamente, isto é, de modo que o Espírito Santo faça uso delas para formar Cristo em nós. Não estamos interessados em aprender mais, e sim em nos tornar mais.

A tarefa é urgente. É evidente que vivemos em uma época na qual a autoridade das Escrituras em nossa vida foi substituída pela autoridade do ego: somos encorajados, em todos os aspectos, a tomar o controle da vida e usar a própria experiência como o texto sob cuja autoridade devemos viver.

O mais alarmante é constatar como esse espírito invadiu a igreja. Até certo ponto, posso entender que o mundo não batizado tente viver de modo autônomo. Não, porém, aqueles de nós que confessam Jesus como Senhor e Salvador. Não sou o único a notar que estamos nessa posição bizarra e embaraçosa de pertencer a uma igreja em que muitos creem ardentemente na autoridade da Bíblia, mas, em vez de se submeter a ela, usá-la e aplicá-la, tomam as rédeas da própria vida, reconhecendo a experiência pessoal como autoridade para determinar como, onde e quando empregar as Escrituras.

Uma das tarefas mais urgentes que a comunidade cristã enfrenta hoje é a de se opor a essa soberania do "eu". Para isso, deve reafirmar o significado de viver as Sagradas Escrituras de dentro para fora, em vez de usá-las para propósitos sinceros e piedosos que, no entanto, reforçam a soberania do ego.

* * *

Deus fala. Quando Deus fala, as coisas acontecem. As Escrituras Sagradas iniciam com as palavras: "Disse Deus..." oito vezes. Depois de cada uma, vemos, peça a peça, um após o outro, elementos do céu e da terra passando a existir diante de nossos olhos, culminando no surgimento do homem e da mulher, formados à imagem de Deus. O Salmo 33 resume Gênesis em uma única frase: "Pois ele falou, e tudo se fez..." (v. 9). Isso estabelece o cenário para tudo o que vem depois na Bíblia, esse derramar copioso de ordens e promessas, bênçãos e convites, censuras e juízos, direção e consolo que compõe as nossas Escrituras Sagradas.

Minha metáfora favorita, "Coma este livro", é extraída de João. Temos três tipos de livros de João no Novo Testamento (o Evangelho, as Cartas e o Apocalipse) que se deleitam em apresentar Jesus como aquele que revela o discurso divino, a Palavra de Deus, cerne e a origem de tudo o que existe. Não se pode dizer com absoluta certeza que o apóstolo João tenha sido o autor de todos esses livros (embora a tradição primitiva afirme isso); o que fica claro, porém, é que todos eles têm um centro e uma ênfase comuns: todos são *joaninos*. Jesus, a Palavra que se fez carne, profere ordens e transforma o caos em cosmos (o Evangelho), o pecado em salvação (as Cartas) e o quebrantamento em santidade (o Apocalipse).

O Evangelho de Joao abre com essa declaração de caráter eminentemente verbal, repetindo "Palavra" três vezes: "No princípio era aquele que é a Palavra. Ele estava com Deus, e era Deus..." (Jo 1.1). Logo descobrimos que esta Palavra é Jesus: "Aquele que é a Palavra tornou-se carne e viveu entre nós. Vimos a sua glória, glória como do Unigênito vindo do Pai, cheio de graça e de verdade" (Jo 1.14). Em seguida, a história do evangelho apresenta Jesus pronunciando-se e a realidade passa a existir.

Da mesma forma, as cartas de João voltam ao início e dão testemunho da convicção apostólica de que a "palavra da vida" era Jesus, confirmada pelos que ouviram, viram e tocaram. Três dos nossos cinco sentidos (ver, ouvir, tocar) são empregados na investigação (1Jo 1.1). Esse Jesus pronunciou as ordens que resultaram em uma vida de salvação do pecado, expressa em uma comunidade de amor.

Por fim, o Apocalipse de João apresenta o Jesus ressuscitado e presente sob o aspecto das palavras: João dá "testemunho de tudo o que viu, isto é, a palavra de Deus e o testemunho de Jesus Cristo" (Ap 1.2). Em seguida, esse Jesus ressurreto se identifica diante de João alfabeticamente: "Eu sou o Alfa e o Ômega" — ele é o alfabeto, todas as letras de A a Z; ou seja, o material, as vogais e consoantes que formam todas as palavras. Jesus fala de forma tal que a fraqueza do mundo e a nossa experiência se transformam em uma santidade fascinante que promove a adoração em grande escala, envolvendo tudo e todos no céu e na terra.

A linguagem é o meio principal em que Deus opera. As Escrituras que dão testemunho dessas palavras se referem a essa linguagem de formas muito concretas. Ouvimos as palavras, é claro, mas vemos também as palavras ("Voltei-me para ver a voz que me falava" [Ap 1.12, BJ]). Nós nos satisfazemos com elas (Sl 1.2), as provamos (Sl 19.10), andamos e corremos nelas (Sl 119.32). Nessa imagem final, nós as comemos: "Coma este livro". A palavra de Deus que nos forma em Cristo caracteriza-se pela concretude.

Fazemos parte de uma comunidade santa que durante mais de três mil anos tem sido formada por dentro e por fora por essas palavras de Deus, palavras que foram ouvidas, provadas, mastigadas, vistas, percorridas. A leitura da Escrituras Sagradas é totalmente concreta. Nosso corpo é o meio de prover o acesso de nossa alma a Deus em sua revelação: "Coma este livro". Um amigo me contou que um dos primeiros rabinos escolheu uma parte diferente do nosso corpo para ilustrar esse argumento, insistindo em que a principal parte do corpo para receber a Palavra de Deus não são as orelhas, mas os pés. É por meio dos pés, e não das orelhas que você aprende sobre Deus, afirma ele; siga o rabino.

É, portanto, prática da comunidade cristã cultivar hábitos de leitura que aguçam a nossa percepção e nos levam a acolher formativamente a Palavra de Deus dentro de nós, desejando fazê-lo tão bem quanto o melhor de nossos ancestrais, determinados a não deixar qualquer dessas palavras do livro em uma estante, como uma lata de salsichas guardada em um armário. Queremos desenvolver nosso apetite, juntar-nos a João e comer esse livro.

Em continuação à questão introdutória dos capítulos 1 e 2, no capítulo 3, "As Escrituras como texto: Aprendendo o que Deus revela", a ênfase estava na Santíssima Trindade, na revelação pessoal e relacional de Deus. A linguagem não é principalmente informativa, mas reveladora. As Escrituras Sagradas dão testemunho de uma voz viva soando de várias maneiras como Pai, Filho e Espírito, dirigindo-se pessoalmente a nós e nos envolvendo pessoalmente como participantes. Esse texto não trata de palavras a serem estudadas na quietude de uma biblioteca, mas de uma voz a ser crida, amada e adorada no ambiente de trabalho e no parque de diversões, nas ruas e na cozinha. A receptividade é uma exigência.

No capítulo 4, "As Escrituras como forma: Seguindo o caminho de Jesus", a ênfase estava em seguir Jesus neste mundo vasto, mas intricadamente coerente, do qual tomamos conhecimento por meio da história. As Escrituras Sagradas têm a forma de história. A realidade também, assim como o mundo. Para justificar sua crença no cristianismo, G. K. Chesterton escreveu: "Eu sempre senti a vida primeiro como uma história: e se há uma história para contar, há um contador de histórias".[1] Entramos nessa história seguindo Jesus, o autor e contador de histórias por excelência, e passamos o resto de nossa vida explorando os detalhes surpreendentes e extraordinários, as palavras e frases que fazem parte da história de nossa criação, salvação e vida abençoada. É uma história repleta de conexões invisíveis e complexas. A imaginação é uma exigência.

Agora, neste capítulo, "As Escrituras como roteiro: Desempenhando nosso papel no Espírito", minha ênfase reside no cultivo da compreensão e das práticas que nos tornam ouvintes receptivos à voz trinitária viva que trouxe essas palavras às páginas de nosso texto, em primeiro lugar, mas também as remove das páginas e faz que entrem em nossa vida. A ênfase está no cultivo de compreensões e práticas que nos tornam melhores seguidores de Jesus na história que ele faz acontecer pela Palavra, de modo que nos sentimos à vontade nela, tanto agora quanto na eternidade. A participação é uma exigência.

A Bíblia incompatível

Apreciamos participar desse mundo do texto bíblico. Há tanto a descobrir, tantas coisas a aprender — e pensar que temos uma participação nisso! Não se trata só de Ismael e Isaque, Jacó e Esaú, Zípora e Azenate, Davi e Jônatas, Jeremias e Ezequiel, Priscila e Áquila, Rode e Febe, Barnabé e Marcos; tem a ver comigo e também com você. Nossos pais e nossos filhos, nossos amigos e inimigos, nossos bairros e nossos governos, todos estão incluídos.

Há alguns anos, fui a uma livraria. Enquanto pagava minha compra, vi uma pilha de livros no balcão. Um dos livros tinha sido escrito por um bom amigo meu. Seu nome aparecia em destaque na capa: Alvin Ben-Moring. O livro falava de um dos sábios presentes no nascimento de Jesus.

---

[1] G. K. Chesterton, *Orthodoxy* (Nova York: Image, 1959), p. 61. [No Brasil, *Ortodoxia*, trad. Almiro Pisetta. São Paulo: Mundo Cristão, 2008.]

Balthasar: The Black and Shining Prince [Baltasar: O príncipe negro e brilhante] era o título da obra, que fora popular na década de 1960. Eu não via Ben havia muitos anos, mas tinha conhecimento do livro. Havíamos conversado sobre o assunto, discutido o enredo e os personagens nos anos em que estivemos juntos na faculdade e no seminário. Agora ali estava ele, publicado! Contei à vendedora: "Este livro foi escrito por um bom amigo meu; não sabia que havia sido publicado". Ela respondeu: "É melhor comprá-lo; você pode se encontrar nele".

Comprei-o e realmente me descobri naquele livro. Não, porém, da maneira que esperava. Havíamos sido amigos íntimos; ele parecia gostar de mim e até me admirar. Mas, no livro, eu não era, de forma alguma, digno de estima, e certamente nada admirável. Não havia possibilidade de escapar do fato de que tinha a ver com meu ego — infelizmente, porém, não o ego de minhas fantasias.

* * *

Há um detalhe nessa história de João comer o livro que ignorei até agora, mas não posso mais evitá-lo. Este é o detalhe: comer a Bíblia fez João sentir dor no estômago.

O gosto era bom na boca, mas quando chegou ao estômago, ele ficou doente: "Peguei o livrinho da mão do anjo e o comi. Ele me pareceu doce como mel em minha boca; mas, ao comê-lo, senti que o meu estômago ficou amargo" (Ap 10.10).

Para a maioria de nós, a primeira experiência com a Bíblia é doce; nós nos encontramos nesse livro, e isso é realmente maravilhoso. Adquirimos gosto pelas promessas e bênçãos de Deus; aprendemos a apreciar o conselho sólido e a direção para a nossa vida, memorizamos alguns salmos que podemos recitar nas épocas solitárias e sombrias e encontramos consolo. Há nela muita coisa para nos fazer sentir deleite. O Salmo 119 utiliza um esquema elaborado e completo, 22 estrofes que percorrem as 22 letras do alfabeto hebraico, para celebrar a delícia infindável da Palavra de Deus, a qual chega até nós de várias maneiras e formas. Cada uma das 22 estrofes de oito linhas contém oito sinônimos para "palavra" ou "Palavra de Deus", que confirmam a ideia da complexidade e da diversidade irradiadas do discurso divino. (Algumas variações nos oito sinônimos demonstram certa liberdade na composição das linhas.) Esse salmo admirável transmite, de modo convincente, os prazeres que as Escrituras Sagradas nos proporcionam, à medida que as verdades, promessas e bênçãos mergulham em nossa vida, palavra por palavra, em meditação e oração: "Como são doces para o meu paladar as tuas palavras! Mais que o mel para a minha boca!" (Sl 119.103). Dietrich Bonhoeffer escreveu que, no seminário, disseram a ele que esse era o mais tedioso de todos os salmos;[2] mas, durante a sua prisão pelos nazistas, ele descobriu que esse era o salmo mais rico de todos e meditou longamente sobre ele.[3]

No entanto, mais cedo ou mais tarde descobrimos que nem tudo nos agrada nesse livro. Ele começa com um sabor doce, e depois percebemos que não nos faz bem; fica amargo em nosso estômago. Descobrir-nos neste livro é muito prazeroso, até lisonjeiro: mas vemos, a seguir, que o livro não foi escrito para nos lisonjear, mas para nos envolver em uma realidade, a realidade de Deus, que não insufla nossas fantasias a respeito de nós mesmos.

Há coisas duras nesse livro, coisas difíceis de ouvir, de obedecer. Há palavras nesse livro difíceis de digerir. João sofreu uma grave indigestão.

Não são apenas as palavras duras, mas a maneira como a Bíblia chega até nós. Há momentos nos quais ela nos atinge como se fosse uma total desconhecida, impossível de ser enquadrada em nosso jeito de pensar e viver. Tentamos ao máximo domesticar essa revelação, encaixá-la em nossa versão das coisas como gostaríamos que elas fossem. Grande parte daquilo que costumamos chamar de "estudo bíblico" é uma tentativa de obter explicações ou métodos que ajustem a Santíssima Trindade a nossas necessidades santas, nossos desejos santos e nossos sentimentos santos.

Todo leitor cuidadoso da Bíblia é afetado pela maneira como ela é "estranha e inflexível o tempo todo",[4] em comparação ao que estamos acostumados e esperamos. A Bíblia não é "uma leitura fácil".[5]

Algo muito comum entre nós é o desenvolvimento de certo hábito de solucionar os problemas bíblicos, calculando o que não parece se ajustar

---

[2] O comentário de Arthur Weiser é emblemático: "um mosaico multicolorido de pensamentos diversas vezes repetidos de maneira tediosa". *The Psalms* (Philadelphia: Westminster, 196), p. 739.
[3] Dietrich Bonhoeffer, *Meditating on the Word*, ed. David Mcl. Grace (Cambridge, MS: Cowley, 1986), p. 13-14.
[4] Walter Brueggemann, *Theology of the Old Testament* (Minneapolis: Fortress, 1997), p. 3.
[5] Mark Coleridge, "Life in the Crypt or Why Bother with Biblical Studies", *Biblical Interpretation* 2 (jul. de 1994), p. 148.

e depois aparando as arestas a fim de que se encaixe mais facilmente em nosso modo de pensar. Queremos usá-la de uma maneira confortável, e se isso não acontece, tentamos reconfigurá-la. Um bom amigo adverte seus alunos sobre o risco de se tornarem especialistas em texto. Os especialistas aprendem esse texto e o dominam inteiramente a fim de poder consertá-lo quando sentem que está um pouco "fora dos eixos" para que nos leve suavemente aonde queremos ir com nossas necessidades, nossos desejos e sentimentos.

No entanto, nada em nossas Bíblias é unidimensional, sistematizado ou teologizado. Tudo no texto é íntima e organicamente ligado à realidade em que vivemos. Não podemos diagramar e fazer gráficos da Bíblia, dividindo-a em assuntos ou progressões perfeitamente rotulados, assim como não poderíamos fazer isso com nossos jardins. Um jardim está constantemente mudando com o crescimento de flores e ervas daninhas. Ou, para fazer uma comparação mais complexa, pense em uma feira rural onde haja um parque de diversões, barracas chamativas, crianças segurando o dinheiro da mesada, animais da fazenda e cavalos de corrida em exibição, homens e mulheres de todas as classes sociais. O lugar está cheio de vida, humana e animal, boa e má, gananciosa e generosa, indolente e determinada. Essas coisas, estejam elas no jardim ou na feira rural, só podem ser *penetradas*.

A Bíblia é uma revelação dessa realidade vivida, e Deus é a forma de vida dominante. Não se pode extrair verdades dela — cada detalhe deve ser aceito como se encontra no texto. "Cada *o quê* está ligado a um *como*", escreve Walter Brueggemann. "Não podemos generalizar ou resumir, apenas atentar ao detalhe."[6]

A maneira mais frequente de nos livrarmos das dificuldades intrigantes ou desagradáveis da Bíblia é sistematizá-la, organizá-la de acordo com algum esquema que resume "o que a Bíblia ensina". Se soubermos o que a Bíblia ensina, não precisamos mais de sua leitura; não há mais a necessidade de entrar na história e mergulhar no estilo estranho e arredio dessa história, que inclui tantas pessoas e circunstâncias que nada têm a ver conosco, a nosso ver.

Gostamos de dizer que a Bíblia tem todas as respostas, e isso, com certeza, é verdade. O texto da Bíblia nos posiciona dentro de uma realidade coerente com nossa condição de seres criados à imagem de Deus e com

---

[6] Brueggemann, *Theology of the Old Testament*, p. 55.

o destino que nos está reservado, de acordo com os propósitos de Cristo. Contudo, a Bíblia também propõe várias perguntas, algumas das quais passaremos o resto da vida fazendo o máximo para evitar. A Bíblia é um livro confortador, mas também tem a capacidade de nos confundir. Coma esse livro; ele será doce como mel em sua boca, mas amargo em seu estômago. Não é possível reduzir esse livro a ponto de manipulá-lo. Você não pode domesticá-lo para que seja usado de acordo com a sua conveniência nem pode fazer dele uma espécie de bichinho de estimação, treinado para obedecer a seus comandos.

Esse livro nos torna participantes no mundo da existência e da ação de Deus; nós não participamos dele em nossos próprios termos. Não elaboramos a trama nem decidimos qual será o nosso personagem. Esse livro tem poder gerador: coisas acontecem conosco quando permitimos que o texto nos inspire, estimule, repreenda, apare as arestas. Ao chegar ao fim desse processo, não somos mais a mesma pessoa.

Coma esse livro, mas mantenha também no armário um bom suprimento de antiácidos.

O imenso mundo da Bíblia

No capítulo 1, mencionei a referência de Karl Barth ao "estranho mundo novo dentro da Bíblia". Com paixão e convicção, ele insistia que a Bíblia é um livro diferente de todos os outros. Toda expectativa que temos em relação a ela revela-se inadequada ou equivocada. O texto das Escrituras revela o Deus soberano em essência e em ação. Ele não nos elogia, não faz esforço para nos agradar. Entramos nesse texto para encontrar Deus à medida que ele se revela, e não para buscar uma verdade, uma história ou uma ética que possamos usar. Mais que qualquer outra coisa, Barth defendia que a leitura bíblica não pode ter como finalidade a descoberta de uma maneira de colocar Deus em nossa vida e fazê-lo participante dela. Isso seria uma inversão na ordem das coisas.

Para cultivar uma mentalidade participativa em relação às nossas bíblias é necessário promover uma renovação completa da imaginação. Estamos acostumados a pensar no mundo bíblico como menor do que o secular. Certas frases feitas denunciam nossa postura. Falamos sobre "tornar a Bíblia relevante para o mundo", como se o mundo fosse a realidade fundamental e a Bíblia algo que ajude ou conserte essa realidade. Falamos de "adequar a Bíblia à nossa vida" ou "abrir espaço em nosso dia para a leitura bíblica", como se fosse mais uma atividade a ser acrescentada ou acumulada na já saturada rotina da vida.

Quando participamos do mundo de Deus, revelado enfaticamente nas Escrituras como um Deus pessoal, precisamos demonstrar disposição de aceitar não só a singularidade desse mundo — ele não corresponde aos nossos preconceitos ou às nossas predileções —, como também sua incrível amplitude. Descobrimo-nos em um universo verdadeiramente em expansão que excede tudo o que aprendemos em nossos livros de geografia ou astronomia.

Nossa imaginação precisa ser renovada para aceitar o imenso mundo da revelação de Deus, em contraste com o mundinho da imaginação humana. Aprendemos a viver, imaginar, crer, amar e conversar nesse mundo imenso, complexo e cheio de vida ao qual temos acesso por intermédio do Antigo e do Novo Testamentos. "Bíblico" não significa o resultado da reunião de textos para provar ou reafirmar algum dogma ou prática com que deparamos. Pelo contrário: o termo sinaliza uma abertura para o que "olho nenhum viu, ouvido nenhum ouviu, mente nenhuma imaginou [...] mas Deus o revelou a nós por meio do Espírito" (1Co 2.9-10).

O que nunca devemos ser encorajados a fazer (embora todos incorramos nesse erro com frequência) é forçar as Escrituras a se ajustarem à nossa experiência. Nossa experiência é restrita demais; seria como tentar fazer o oceano caber dentro de um dedal. O que desejamos é nos ajustar ao mundo revelado pelas Escrituras, nadar nesse vasto oceano.

Nosso objetivo é começar a perceber e, em seguida, nos envolver na maneira como o imenso mundo da Bíblia absorve o mundo muito menor da ciência, da economia e da política, que fornecem a chamada "cosmovisão" a partir da qual estamos acostumados a resolver nossos problemas cotidianos.

Isso significa que devemos abandonar todo tipo de condescendência no que se refere à abordagem da Bíblia. A maioria de nós foi treinada no que, vez por outra, é chamado de "hermenêutica da suspeita". As pessoas mentem muito. E quem escreve mente mais do que a maioria. Somos ensinados a manter uma suspeita saudável em relação a tudo o que lemos, especialmente quando reivindica autoridade sobre nós. Isso é certo. Examinamos o texto várias vezes. O que está acontecendo aqui? O que está oculto? O que há por trás disso tudo? Os três mestres modernos da hermenêutica são Nietzsche, Marx e Freud. Eles nos ensinaram perfeitamente a não aceitar nada pelo seu sentido literal.

Grande parte disso é útil. Não queremos ser enganados, manipulados por fabricantes de palavras ou seduzidos por publicitários espertos e anunciantes para comprar coisas que não queremos e jamais iremos usar, ou envolvidos em algum programa de destruição de almas por um propagandista de fala macia. Em questões ligadas a Deus, ficamos duplamente na defensiva, suspeitando de tudo e de todos, inclusive da Bíblia. Aprendemos, para nossa tristeza, que as pessoas da religião mentem mais do que a maioria — e mentiras proferidas em nome de Deus são as piores de todas.

No entanto, quando estreitamos os olhos em função dessa suspeita, o mundo também se reduz. Ao levarmos esses hábitos de leitura às Escrituras Sagradas, acabamos reduzindo-as a um punhado de fatos.

Paul Ricoeur tem um ótimo conselho para pessoas como nós. Sugere que continuemos em frente, mantendo e praticando a hermenêutica da suspeita, um hábito não apenas importante, como também necessário. Há uma porção de mentiras por aí; aprenda a discernir a verdade e jogar fora o que não presta. Em seguida, porém, volte a entrar no livro, no mundo, com o que ele chama de "segunda ingenuidade".[7] Olhe para o mundo com admiração infantil, pronto para se deleitar alegremente na abundância de verdade, beleza e bondade derramada do céu a cada momento. Cultive uma hermenêutica de adoração — veja como a vida é vasta, esplêndida, magnífica!

A seguir, pratique essa hermenêutica de adoração ao ler a Escrituras Sagradas. Organize-se de modo a passar o resto de sua vida explorando e apreciando o mundo tão vasto quanto complexo que esse texto revela.

Obediência

Entramos no mundo do texto, o mundo em que Deus é o tema, a fim de nos tornar participantes dele. Temos um papel a desempenhar nesse texto, uma participação dada a nós pelo Espírito Santo. Ao fazermos a nossa parte, nós nos tornamos *parti*-cipantes.

Esse livro nos foi concedido para que, usando a imaginação e a fé, penetrássemos no mundo do texto e seguíssemos a Jesus. No que se refere ao tratamento que dedicava às Escrituras Sagradas, João Calvino geralmente

---

[7] Paul Ricoeur, *The Symbolism of Evil* (Boston: Beacon, 1967), p. 351.

é citado da seguinte maneira: "Todo conhecimento correto de Deus nasce da obediência".[8] Na comunidade cristã, é difícil encontrar um exegeta ou tradutor respeitado das Escrituras que não tenha dito a mesma coisa.

Se não entramos nesse texto como participantes, não conseguimos entender o que está acontecendo. Esse texto não pode ser compreendido se permanecemos apenas observando das arquibancadas, ou mesmo de camarotes caros. Estamos dentro dele.

* * *

A qualidade participativa da leitura espiritual exerceu um forte impacto sobre mim quando eu tinha 35 anos. Estava voltando a correr. Já fazia isso na faculdade e no seminário e gostava muito, mas, quando deixei a escola, parei de correr. Jamais me ocorreu que correr era algo que um adulto podia fazer só por diversão. Além disso, eu havia me tornado pastor, e não tinha certeza de como os membros de minha igreja reagiriam diante da ideia de ver seu pastor correndo com roupas esportivas pelas estradas vicinais da comunidade. Notei, porém, outras pessoas — médicos, advogados e executivos a quem eu conhecia — correndo em lugares improváveis sem comprometimento aparente da própria dignidade. Eram homens e mulheres de minha idade ou até mais velhos. Achei que, provavelmente, poderia fazer o mesmo. Saí e comprei um par de tênis de corrida da marca Adidas e descobri a revolução que ocorrera no mercado de calçados desde os meus dias de estudante. Comecei a me divertir, voltando a aproveitar o ritmo suave das corridas de longa distância, o silêncio, a solidão, a intensificação dos sentidos, a liberdade do corpo, a textura do solo sob os meus pés, as nuanças do tempo — vento, sol, chuva, neve... e muitas outras coisas. Não demorou muito e eu já estava competindo em provas de dez quilômetros quase todos os meses, e depois em uma maratona, uma vez por ano. A corrida passou de ato físico para um ritual que reunia meditação, reflexão e oração. Àquela altura, eu estava assinando três revistas especializadas e pegando livros sobre corredores e corridas na biblioteca. Nunca me cansava de ler a respeito do assunto: regime, alongamento,

---

[8] John Calvin, *Institutes of the Christian Religion*, John T. McNeill, org., Ford Lewis Battles, trad. (Philadelphia: Westminster, 1960), vol. 1, cap. 6, seção 2. [No Brasil, *As Institutas*, trad. Waldyr Carvalho Luz, vol. único. São Paulo: Cultura Cristã, 2022.]

métodos de treinamento, cuidados com os ferimentos, taxas de batimentos cardíacos, endorfinas, carga de carboidratos, substituição eletrolítica. Lia tudo quanto se tratava de corridas, um material muito vasto! Não é um assunto, assim, tão controverso. De uma maneira geral, basta pôr um pé na frente do outro. Nenhum dos artigos, com poucas exceções, era bem escrito. Mas não fazia diferença o fato de já ter lido quase a mesma coisa vinte vezes antes; não importava se o texto fosse entremeado de clichês; eu era um corredor e lia tudo.

A certa altura, distendi um músculo e fiquei sem poder correr por dois meses, tempo necessário para que minha coxa ficasse boa novamente. Levei duas semanas para perceber que, durante aquele período, eu não pegara um só livro ou abrira uma revista sequer sobre corrida. Não que eu tivesse decidido deixar de ler a respeito do assunto; as publicações continuavam espalhadas pela casa toda, mas eu não as lia. Não estava lendo porque não estava correndo. A partir do momento que voltei a correr, também reassumi a leitura.

Naquela ocasião, notei a importância do adjetivo "espiritual" na expressão "leitura espiritual". Significava "leitura participativa". Significava que eu lia cada palavra da página como uma extensão, um aprofundamento, uma correção ou uma confirmação de algo de que eu fazia parte. O principal motivo de ler sobre corridas não era o desejo de descobrir algo, de aprender alguma coisa; era a companhia, a validação e a confirmação da experiência de correr. É claro que aprendi algumas coisas ao longo do caminho, mas a maior parte das leituras que fiz serviu para estender, aprofundar e povoar o mundo da corrida, do qual eu gostava tanto. Se eu não estivesse correndo, não havia nada a ser aprofundado.

O paralelo com a leitura bíblica me parece quase exato: se eu não estiver participando da realidade — a realidade de Deus, a realidade criação/salvação/santidade — revelada na Bíblia, se eu não estiver envolvido na obediência mencionada por Calvino em seus escritos, é pouco provável que me interesse muito em ler a respeito dessa realidade. Pelo menos, não por muito tempo.

Obediência é o ponto; é viver em resposta ativa ao Deus vivo. A pergunta mais importante que fazemos a esse texto não é: "O que isso significa?", mas: "A que devo obedecer?". Um simples ato de obediência abre a vida para esse texto com muito mais rapidez do que uma quantidade imensa de estudos bíblicos, dicionários e concordâncias.

Não que o estudo não seja importante. Um rabino judeu com quem estudei dizia com frequência: "Para nós, judeus, estudar a Bíblia é mais importante do que obedecer porque, se a pessoa não compreendê-la corretamente, vai obedecer de modo errado, e nossa obediência será desobediência".

Isso também é verdade.

* * *

Anthony Plakados era um motorista de caminhão de 35 anos que fazia parte de minha congregação. Ele cresceu em um lar grego, convencionalmente católico, mas não absorveu nada. Deixou a escola na oitava série. Contou-me que nunca havia lido um livro. Depois, tornou-se cristão, arranjou uma velha Bíblia King James com letras pequenas e leu-a três vezes naquele primeiro ano de sua conversão. Anthony mostrou-se uma pessoa perseverante. Sua esposa, Mary, também demonstrava interesse, mas ainda se sentia um pouco confusa com tudo aquilo e fez várias perguntas. Mary crescera presbiteriana, frequentara a escola dominical durante a infância e adolescência e se acostumara com uma religião de definições e explicações. Quando as perguntas de Mary ficavam muito difíceis para Anthony responder, ele me convidava para ajudá-lo em sua casa-trailer, com as paredes cobertas de pôsteres de Elvis Presley. Certa noite, o assunto eram as parábolas. Mary não conseguia entendê-las. Eu tentei ensinar-lhe como ler as parábolas, como compreendê-las, mas não me saí muito bem. Anthony, então, interrompeu: "Mary, você precisa vivê-las para poder compreendê-las. Não pode entender do lado de fora, é preciso entrar nelas; ou deixar que elas entrem em você".

E Anthony não havia lido nem uma palavra de João Calvino.

A leitura litúrgica das Escrituras

Agora quero introduzir um termo que pode levar algum tempo para se integrar ao contexto: liturgia. Quando comemos esse livro, lendo, reagindo e seguindo, obedecendo e orando, absorvendo tudo isso e nos tornando participantes do texto, precisamos de ajuda. É necessário que todos e tudo ao nosso redor nos auxiliem, pois não se trata de um show-zinho particular, e nós, certamente, não somos as estrelas. "Litúrgico" é o termo que quero usar para definir a ajuda que requeremos. A Bíblia deve ser lida liturgicamente.

Para evitar confusão, desejo primeiro explicar o que não quero dizer: por liturgia, não me refiro ao que está acontecendo no santuário de uma importante igreja; não me refiro a uma ordem de adoração; não me refiro a mantos e velas, incenso e genuflexões diante do altar. O termo "liturgia" pode ser adequadamente utilizado em todos esses aspectos, mas procuro algo diferente, algo mais profundo, mais elevado e mais amplo.

O que desejo fazer é rever a contextualização de nossa leitura bíblica (o comer desse livro) em uma enorme comunidade de outros santos que também a leem. Há uma comunidade de pessoas pelo mundo afora que também está à mesa, comendo esse livro. Cada vez que ele é assimilado de maneira formativa, a comunidade inteira (não é exagero dizer que o mundo inteiro) é envolvida e afetada. A história bíblica atrai a comunidade dos santos — não apenas você, não apenas eu — para dentro da história de maneira participativa.

Liturgia é o meio usado pela igreja para manter os cristãos batizados em contato íntimo com toda a comunidade santa viva quando ela participa formativamente da Escrituras Sagradas. Quero usar a palavra "liturgia" para me referir a esse propósito e a essa prática da igreja na medida em que ela induz tudo o que está dentro e fora do santuário a uma vida de adoração, e situa tudo o que é passado e presente de modo coerente como parte integrante da revelação escrita, que encontramos nas Escrituras. Em vez de limitar a liturgia à orientação comunitária em atos discretos de adoração, meu desejo é usá-la desse modo amplo e abrangente: a comunidade tão profunda quanto a história e tão ampla quanto os continentes, espalhada no tempo e no espaço, à medida que os cristãos participam das ações iniciadas e formadas pelas palavras desse livro; toda a nossa existência compreendida liturgicamente, isto é, associada, no contexto do Pai, do Filho e do Espírito Santo, três pessoas em uma, e equipada com o texto da Escrituras Sagradas.

A tarefa da liturgia é ordenar a vida da comunidade dos santos, segundo o texto da Escrituras Sagradas. Ela consiste em dois movimentos. Primeiramente, entramos no santuário, lugar de adoração e atenção, para ouvir, receber e crer na presença de Deus. Há muita coisa envolvida nisso, todas as partes da vida ordenadas em função de todos os aspectos da revelação de Deus em Jesus.

Em seguida, a liturgia sai do santuário e vai ao mundo para demonstrar obediência e amor, orientando nossa vida como sacrifício vivo no mundo, para a glória de Deus. Há muita coisa envolvida nisso, todas as partes da vida do lado de fora, na rua, participando da obra de salvação.

É esse tipo de coisa que João faz de maneira tão impressionante no Apocalipse: ele nos apresenta tudo o que existe, o mundo e a nossa experiência nele, Cristo e todos os seus anjos, o diabo e todos os seus anjos, céu e inferno, salvação e condenação, congregações e impérios, guerra e paz, tudo o que é visível e invisível, e gera um ato de adoração a partir de tudo isso. Em seguida, ele mostra como tudo nesse universo da adoração é derramado sobre o mundo. Todos são participantes. Ninguém fica em volta, observando de pé.

O que João faz tão magistralmente no Apocalipse, nós continuamos a fazer, de modo litúrgico, na comunidade dos santos, segundo a orientação que o Espírito Santo nos dá por intermédio das Escrituras Sagradas.

A liturgia preserva e apresenta as Sagradas Escrituras no contexto da comunidade de cristãos que adora e obedece, e que está no centro de tudo o que Deus fez, está fazendo e fará. A liturgia não permite que saiamos sozinhos com nossas Bíblias, ou selecionemos alguns amigos para estudo bíblico e deixemos as coisas assim.

A prática litúrgica da igreja nos presenteia com as Escrituras Sagradas lidas, ouvidas e cridas no contexto de tudo o que existe:

A arquitetura faz parte dela — o uso de pedra, madeira e vidro.

As cores — púrpuras e verdes, vermelhos e brancos — fazem parte dela.

A música faz parte dela — nossos hinos e cânticos, nossos órgãos e nossas guitarras, nossos clarinetes e tambores.

Os ancestrais são parte dela — os santos e os sábios que enriquecem nossas pregações e orações.

A oração é parte dela — orações individuais e coletivas que dão voz à nossa reação profundamente pessoal a Deus e ao chamado divino para louvar, testemunhar e cumprir a missão.

O próximo é parte dela — homens, mulheres e crianças com paladares e temperamentos tão diferentes dos nossos, muitos dos quais nem sempre apreciamos.

E tempo. A liturgia reúne a comunidade dos santos para a leitura das Escrituras Sagradas de acordo com o ritmo regular e abrangente do ano litúrgico, no qual a história de Jesus e dos cristãos é lida e relida, século após século — os ritmos amplos e agradáveis de um período que se movimenta a partir de nascimento, vida, morte e ressurreição na direção de espírito, obediência, fé e bênção. Sem a liturgia, perdemos os ritmos e acabamos enredados em interrupções tolas, inoportunas e insensíveis de campanhas de relações públicas, abertura e encerramento de períodos escolares, dias de vendas, prazos para pagamento de impostos, inventários e eleições. Os dias que antecedem o Natal ficam sepultado sob o imperativo das compras. As disciplinas agradáveis da Quaresma são substituídas pelas penitências ansiosas de preencher os formulários de imposto de renda. A liturgia nos mantém em contato com a história conforme define e molda os inícios e fins, a vida e a morte, os renascimentos e as bênçãos no Espírito Santo, comunidade formada pelo texto, visível e invisível.

Quando as Escrituras Sagradas são aceitas liturgicamente, passamos a perceber que muita coisa está acontecendo de uma só vez; pessoas diferentes estão fazendo muitas coisas diferentes. A comunidade está alerta, trabalhando para Deus, ouvindo e respondendo às Escrituras Sagradas. Enquanto segue Jesus, a comunidade dos santos, nesse processo de formação promovido pelas Escrituras, observa/ouve a revelação de Deus tomando forma diante dela e nela, cada pessoa desempenhando a sua parte no Espírito.

É interessante lembrar que a palavra "liturgia" não teve origem no cenário da igreja ou da adoração. No mundo grego, ela se referia ao serviço público, o que um cidadão fazia para a comunidade. Quando a igreja passou a usar o termo em referência à adoração, ele manteve essa característica de "serviço público": um trabalho para a comunidade em nome de Deus ou seguindo as ordens divinas. Quando adoramos a Deus, revelado pessoalmente como Pai, Filho e Espírito Santo em nossas Sagradas Escrituras, não estamos fazendo algo isolado ou afastado do mundo que não lê a Bíblia; fazemos isso *para* o mundo, levando toda a criação e toda a história diante de Deus, apresentando nosso corpo e todas as belezas e necessidades da humanidade diante de Deus em louvor e intercessão, penetrando no mundo pelo qual Cristo morreu, no poderoso nome da Trindade, e o servindo.

A liturgia nos faz colaboradores de todos os outros que foram e estão sendo enviados ao mundo para trabalhar *por* e *com* Jesus, seguindo nosso texto formador de espiritualidade. A liturgia nos mantém em contato com toda a ação que foi e está sendo gerada pelo Espírito, de acordo com o testemunho presente no texto bíblico. A liturgia impede que a forma narrativa da Escritura seja reduzida ao consumo privado, individualizado.

É importante deixar claro que "liturgia" tem pouco a ver com coreografia no santuário ou com a teoria do sublime. Trata-se de ouvir, obediente e participativamente, as Escrituras Sagradas junto com a comunidade santa ao longo do tempo (nossos dois mil anos de respostas a esse texto) e do espaço (nossos amigos em todo o mundo). Anglicanos tradicionalistas, os batistas reavivalistas, os carismáticos que louvam com as mãos erguidas e o quacres sentados em um quarto sem mobília e em silêncio — de todos é exigido ler e viver liturgicamente esse texto, participando da leitura das Sagradas Escrituras na comunidade dos santos.

Não há nada "igrejeiro" ou elitista nisso. Trata-se do vasto e dramático processo de fazer história, confirmando o fato de que assumimos o nosso lugar na história e permitimos que todos os outros também façam a sua parte, garantindo que ninguém ou nada tenha sido deixado de fora. Sem apoio e estrutura litúrgica suficientes, é possível que estejamos inclinados a alterar a história a fim de adequá-la a nossos gostos e predisposições pessoais.

Espiritualidade virtuosa

Frances Young usa a extensa analogia da música e sua execução para oferecer um meio de entender as complexidades, relacionadas entre si, de ler e viver as Escrituras Sagradas: o que João experimentou quando comeu o livro. No livro *Virtuoso Theology* [Teologia do virtuoso] ela procura o que chama de "desafios complexos envolvidos na busca de autenticidade na execução".[9] Faz parte da própria natureza da música que seja executada. A música não executada pode ser chamada de "música"? A execução, no entanto, não consiste na reprodução precisa das notas na partitura, como escritas pelo compositor, embora inclua isso. Todos reconhecem, por exemplo, a diferença entre uma performance precisa, porém enfadonha, do *Concerto nº 1 para violino*, de Mozart, e uma apresentação cheia de virtuosismo de Yitzak Perlman. A performance de Perlman não se distingue simplesmente por sua habilidade técnica ao reproduzir o que Mozart compôs; ele entra na música de maneira sublime e transmite o

---

[9] Frances Young, *Virtuous Theology* (Cleveland: Pilgrim, 1993), p. 21.

espírito e a energia (a "vida") da partitura. Ele nada acrescenta de significativo à partitura, nem uma notinha sequer. Embora ele pudesse afirmar, com certa razão que, por ter acesso às psicologias que correlacionam música e sexualidade, ele compreende Mozart muito melhor do que Mozart se compreendia, Perlman se contém; não extrapola limites.

Uma das contínuas surpresas de uma interpretação musical ou teatral é a noção de espontaneidade que faz parte da performance: a atenção fiel ao texto não resulta em anulação submissa da personalidade. Pelo contrário, ela liberta o que é inerente ao próprio texto enquanto o artista o interpreta; "a música deve ser 'compreendida' por meio de sua execução e sua interpretação".[10]

O mesmo ocorre com as Escrituras Sagradas. As duas analogias, tocar a música e comer o livro, trabalham admiravelmente juntas. A complexidade da analogia da execução (performance) completa a simplicidade terrena da analogia de comer do livro (e vice-versa), ao guiar a comunidade dos santos ao mundo da Escrituras Sagradas de maneira formativa.

No entanto, se tentarmos fazer tudo "de improviso", como no contexto descrito por Alasdair MacIntyre,[11] passaremos a vida gaguejando de ansiedade, tanto no que diz respeito a nossas palavras quanto às nossas ações. Mas, quando fazemos as coisas da maneira correta — tocando de acordo com a partitura, comendo o livro, abraçando a comunidade santa que internaliza esse texto —, então somos livres: "Corro pelo caminho que os teus mandamentos apontam, pois me deste maior entendimento" (Sl 119.32).

---

[10] Young, *Virtuous Theology*, p. 22. A analogia da performance também tem sido usada de modo eficaz por Nicholas Lash, "Performing the Scriptures", em *Theology on the Way to Emmaus* (Londres: SCM, 1986), e por Brian Jenner, "Music to the Sinner's Ear?", *Epworth Review* 16 (1989), p. 35-38.

[11] Alasdair MacIntyre, *After Virtue* (Notre Dame: University of Notre Dame Press, 1981), p. 216. [No Brasil, *Depois da virtude: Um estudo sobre teoria moral*. Campinas, SP: Vide Editorial, 2021.]

PARTE II

LECTIO DIVINA

Como você a lê?

Lucas 10.26

Você não pode ouvir Deus falar com outra pessoa; só consegue ouvi-lo quando ele se dirige a você.

Ludwig Wittgenstein

6

Caveat lector

Lectio divina é um método de leitura das Escrituras que corresponde à maneira como elas servem à comunidade cristã, dando testemunho da revelação que Deus faz de si a nós. É a instrução sábia desenvolvida ao longo de séculos de leitura bíblica piedosa para ensinar aos leitores das Escrituras os meios apropriados de compreender e receber esse texto, a fim de que ele seja formativo quanto à maneira de viver, atingindo não apenas a mente ou os sentimentos. O objetivo desse método é permitir que a leitura bíblica permeie nossa vida pela revelação de Deus.

* * *

Se não acontecer da maneira adequada, a leitura da Bíblia pode gerar muitos problemas. A comunidade cristã está tão preocupada com a ideia de *como* ler a Bíblia quanto com a *necessidade* de que ela seja lida. Não basta colocar uma Bíblia na mão de uma pessoa e ordenar que ela comece a leitura. Isso é tão insensato e perigoso quanto entregar a chave de um carro para um adolescente e dizer a ele que dirija. O perigo reside na possibilidade de, tendo em mãos uma peça com tal tecnologia, a usarmos sem o devido conhecimento, colocando em perigo nossa vida e a das pessoas à nossa volta. Outro risco é o de usarmos essa tecnologia de maneira inconsequente e violenta, intoxicados com o poder que ela nos confere.

Para imprimir um livro é preciso usar tecnologia. Pegamos uma Bíblia e descobrimos que temos a Palavra de Deus nas mãos, em *nossas mãos*. Agora podemos manuseá-la. É muito fácil supor que exercemos controle sobre ela, que podemos usá-la e estamos encarregados de aplicar o que ela diz onde quer que seja, quando e sobre quem desejarmos, sem levar em conta a conveniência ou as condições.

Há mais em um carro do que apenas a tecnologia mecânica; e há mais na Bíblia do que a tecnologia da impressão. Em torno da tecnologia mecânica do carro há um mundo de gravidade e inércia, valores e velocidade, superfícies e obstáculos, outras marcas de veículos, regulamentos de trânsito e a patrulha rodoviária, outros motoristas (estejam eles bêbados ou sóbrios), neve, gelo e chuva. Dirigir um carro envolve muito mais fatores do que virar a chave na ignição e pisar no acelerador. Os que não sabem disso logo acabam mortos ou mutilados.

Os que não conhecem as condições implícitas na tecnologia da Bíblia também oferecem perigos para si e para outras pessoas. Portanto, ao entregar uma Bíblia e insistir com outros que a leiam, é imperativo que também digamos: *"Caveat lector!"* — "Tome cuidado, leitor!".

* * *

Homens e mulheres comprando vegetais e carne no mercado, adquirindo tapetes e roupas, cavalos e automóveis têm sido historicamente advertidos por seus pais e avós experientes: *"Caveat emptor!"* — "Tome cuidado, comprador!". O mercado nem sempre é o que parece. Ali acontecem mais coisas do que a simples troca de mercadorias. Vendedores e compradores raramente compartilham alvos e princípios. Os vendedores são conhecidos por não levar em consideração os principais interesses daqueles que compram. *"Caveat emptor!"* — "Tome cuidado, comprador!".

O leitor deve também tomar essa precaução. Ter nas mãos uma página impressa e saber como distinguir substantivos de verbos não basta. Eu posso adquirir uma Bíblia encapada de couro, pagar cem reais por aquele exemplar, mas não sou dono da Palavra de Deus para fazer o que quero dela; Deus é soberano. A Palavra de Deus não me pertence. As palavras impressas nas páginas da Bíblia dão testemunho da revelação viva e ativa do Deus da criação e da salvação, o Deus de amor que se tornou a Palavra encarnada em Jesus, e será bom que eu não esqueça disso. Se, em minha leitura bíblica, eu perder contato com esse estilo de vida, se deixar de ouvir esse Jesus vivo, de me submeter a essa soberania e de responder a esse amor, torno-me uma pessoa arrogante em meu conhecimento e impessoal em meu comportamento. A leitura bíblica equivocada tem causado muitos prejuízos em nome da vida cristã. *"Caveat lector!"* — "Tome cuidado, leitor!"

* * *

Uma pergunta que Jesus fez ao especialista em religião (o *nomikos*) com quem se encontrou certo dia, na estrada para Jerusalém, e que começara a interrogá-lo, concentra nossa atenção nesse assunto: "Como você a lê?" (*pōs anaginōskeis*, Lc 10.26). "*Como* você lê isso?", e não: "*O que* você acabou de ler?".

A pergunta de Jesus é a sua resposta à indagação do especialista, que havia acabado de perguntar: "O que preciso fazer para herdar a vida eterna?". Esta parece uma pergunta perfeitamente legítima. Mas Lucas, que está contando a história, sabia que havia alguma coisa por trás daquele questionamento. Ele nos faz saber que a pergunta do erudito religioso era enganosa. O homem não estava em busca de informações ou conselhos sobre como viver adequadamente diante de Deus. Sua pergunta foi feita para "pôr Jesus à prova" (*ekpeiradzōn*). O perito queria provocar Jesus, discutir com ele ou apanhá-lo em algum erro. O mesmo verbo (*ekpeiradzein*) foi usado antes por Lucas para se referir ao que o diabo queria fazer com Jesus no deserto (Lc 4.12). Jesus nos ensina a pedir, em oração, que Deus nos proteja disso, e usa a forma substantiva desse termo *(peirasmon)* um pouco adiante (11.4). No entanto, fica bem claro que não se tratava de uma indagação inocente. O homem queria colocar Jesus, de uma forma ou de outra, em situação complicada, usando as Escrituras com essa finalidade.

A pergunta de Jesus exige uma resposta do erudito, uma citação exata e apropriada do duplo mandamento de amor extraído de Deuteronômio 6.5 e Levítico 19.18. Na mesma hora, Jesus aprova a resposta do perito: "Você respondeu corretamente". Afinal de contas, o próprio Jesus havia combinado os dois textos em uma conversa registrada por Marcos e Mateus, na qual um especialista em religião também o interrogara (Mt 22.34-40; Mc 12.28-31). Não havia nada de errado com o conhecimento que o erudito tinha das Escrituras. O erro terrível consistia na maneira como o perito a lera, o *como* da sua leitura. Isso se torna evidente quando o homem, "querendo justificar-se", pergunta: "E quem é o meu próximo?".

Por que o erudito pede uma definição? Como fica evidente, ele precisa se defender pelo fato de ter respondido ao texto de modo pessoal. Definir "próximo" despersonaliza o próximo, transforma-o em um objeto, uma coisa que se pode controlar e fazer dela o que se quer. Mas também despersonaliza o texto bíblico. Ele quer falar sobre o texto, tratar o texto como se fosse uma coisa, dissecá-lo, analisá-lo, discuti-lo. Jesus, porém, não entra em seu jogo. O perito acabara de citar as palavras das Escrituras Sagradas que dão testemunho da Palavra viva de Deus. São palavras a serem ouvidas, às quais devemos nos submeter, obedecendo-as e colocando-as em prática. Em vez de convidar o perito a se juntar a ele no estudo bíblico de Deuteronômio e Levítico à sombra de um carvalho próximo, Jesus lhe conta uma história, uma das mais famosas: a história do bom samaritano. Ele conclui, como começara, com uma pergunta: "Qual desses três você acha que foi o próximo do homem [...]?". A pergunta pegou aquele perito de surpresa: as palavras das Escrituras não mais serão tratadas por meio da definição: "Quem é o meu próximo?". O texto insiste na participação, como se perguntasse: "Quer ser um próximo?". Jesus também insiste na participação. Ele despede o homem com uma ordem: "Vá e faça o mesmo". Ou seja: "Viva o que você lê". Lemos a Bíblia a fim de viver a Palavra de Deus.

A *lectio divina* cultiva essa atenção pessoal, participativa, e nos treina, assim, na disciplina de ler corretamente as Escrituras. Cada página virada propõe a pergunta de Jesus para nós: "Como você lê?".

* * *

Eis um outro *caveat* digno de nota: as palavras escritas são palavras mortas. Não há vida nelas: "a letra mata" (2Co 3.6). Ler como tal, mesmo que seja a leitura da Bíblia (talvez especialmente se for a leitura da Bíblia), não passa de um passeio piedoso por um cemitério, observando as inscrições nas lápides antigas e nos marcadores de sepulturas. Todas essas palavras escritas, encerradas nos livros do mundo, sepultadas nas bibliotecas do mundo, são palavras mortas. Entretanto, as coisas não são tão ruins assim; essas não são apenas palavras mortas, mas palavras mortas esperando a ressurreição: pois "o Espírito vivifica" (2Co 3:6).

Lectio divina se encontra na companhia das mulheres da Galileia que "foram para casa e prepararam perfumes e especiarias aromáticas" (Lc 23.56) depois da crucificação, planejando, no dia seguinte, honrar e dar dignidade ao corpo de Cristo, de Jesus, a Palavra feito carne. Ao chegarem ao sepulcro, aquelas mulheres não encontram o que esperavam ("não encontraram o corpo"); mas, para sua grande surpresa, foram informadas por um anjo que não estavam lidando com um Jesus morto, e sim com um Jesus vivo ("Por que vocês estão procurando entre os mortos aquele que vive?"). Não se trata da Palavra de Deus morta e sepultada em um túmulo, mas da Palavra de Deus ressurreta, viva e bem próxima. Elas deixam suas especiarias e seus bálsamos no túmulo. Não precisarão usá-los; Jesus não precisa deles. Estão agora a caminho, prontas para encontrar, seguir e ouvir a Palavra viva, Jesus. Prontas para se juntar aos peregrinos de Emaús, ouvindo Jesus explicar-lhes "o que constava a respeito dele em todas as Escrituras" (Lc 24.27).

Lectio divina é a prática deliberada de fazer a transição de um tipo de leitura que lida e manuseia, embora com reverência, o corpo morto de Jesus para outro tipo de leitura na companhia de amigos que estão ouvindo, acompanhando e seguindo o Jesus vivo.

* * *

Mais um *caveat lector*. As palavras escritas são radicalmente removidas de seu contexto original, que é a voz viva. E há muito mais coisas envolvidas no ato de escutar uma voz do que no de ler uma palavra escrita. As palavras são ditas e ouvidas antes de serem escritas e lidas. A linguagem tem um uso oral muito antes de tomar forma escrita. Existem, ainda hoje, comunidades que vivem satisfatoriamente sem uma linguagem escrita, mas nenhuma que sobreviva sem a fala. As palavras são, em primeiro lugar, um fenômeno que implica fala e escuta. Das que estão contidas em nossas Escrituras, a maior parte não foi formada primeiro por escrito, e sim, falada e ouvida. A maior parte do chamado "mundo bíblico", no qual nos orientamos por meio da Bíblia, não tinha uma Bíblia para ler. Muitas gerações de nossos ancestrais bíblicos criam, obedeciam e adoravam a Deus sem um roteiro. Eles possuíam a Palavra de Deus, é verdade, mas se limitavam a ouvi-la. A Palavra de Deus vinha por intermédio de uma voz.[1]

---

[1] James Barr enfatiza muito esse ponto, salientando a necessidade de reconhecer pessoalmente a oralidade básica do que nos é entregue nas Escrituras: "Naqueles que chamamos de 'tempos bíblicos', ou em grande parte deles, não havia ainda a Bíblia. Os homens da Bíblia estavam, como agora vemos, envolvidos no processo do qual nossa Bíblia finalmente emergiria, mas eles mesmos não tinham Bíblia [...] o tempo da Bíblia foi um tempo em que a Bíblia não se achava ainda ali". Ver *Holy Scripture* (Philadelphia: Westminster, 1983), p. 1-2.

Precisamos ser lembrados disso o tempo todo para não perder contato com a oralidade básica da Palavra de Deus em nossa vida.

Não são apenas o timbre, o tom e o ritmo da fala pessoal que desaparecem no ato de escrever, mas também a complexidade de outras vozes soando em segundo plano; crianças interrompendo com exigências e perguntas, tordos cantando, o som da chuva no telhado, o perfume das achas de junípero queimando na lareira, o buquê do vinho e a textura do pão que acompanham as conversas à mesa. No momento em que uma palavra ou frase é escrita, ela se afasta de suas origens e aterrissa na página como um artefato isolado em um museu ou um espécime em um laboratório. No museu e no laboratório, geralmente achamos essa remoção do contexto uma vantagem; agora podemos rotular, definir suas propriedades, pegar, virar de um lado para o outro sob a luz, pesar, medir, escrever a respeito. Com pedras e ossos, cacos de louça e chips de computador, espécimes de sangue e urina — coisas —, quanto menos contexto temos, tanto mais exatos podemos ser. O contexto contamina e interfere com a precisão. Isso não acontece, porém, com as palavras. Portanto, *caveat lector*.

As palavras são inerentemente ambíguas. Nunca são exatas: o caráter da pessoa que fala influencia o modo como as interpretamos; a atenção ou a inteligência do ouvinte afeta a maneira como são entendidas. Lugar, tempo e circunstâncias também desempenham um papel tanto no falar quanto no ouvir. Quanto mais permanecemos "no contexto" quando a linguagem é usada, mais provável é a sua compreensão. Irritação mal reprimida e dedos impacientes tamborilando, hesitações e silêncios, gestos, sorrisos e caretas, tudo faz parte dela. Mas, a partir do momento em que as palavras são escritas, tudo isso (ou, pelo menos, boa parte disso) desaparece. Mesmo quando o contexto é descrito, a simultaneidade complexa da interação e da complexidade se perde. Isso significa que a palavra é reduzida ao ser escrita. A palavra escrita é menos do que a palavra falada — e, em algumas situações, nem é absolutamente a mesma coisa. Walter Ong nos ofereceu uma cuidadosa avaliação da imensa diferença entre ouvir e ler uma palavra.

> Somos os mais abjetos prisioneiros do ambiente culto no qual amadurecemos. Mesmo fazendo o maior esforço, o homem contemporâneo acha extremamente difícil (e, em muitos casos, quase impossível) entender o que

é realmente a palavra proferida. Ele a considera uma modificação do que normalmente é ou deveria ser escrito.[2]

Isso é, naturalmente, razão para muitos de nós preferirmos palavras escritas a palavras faladas. É mais simples. Controlamos melhor, não temos de lidar com as complexidades de pessoas difíceis, neuróticas ou intoleravelmente maçantes. Se não gostarmos do que estamos lendo, podemos fechar o livro e pegar outro — ou ir às compras, dar um passeio, passar uma hora ou mais no jardim.

Mas, *caveat lector*, não lemos a Bíblia para reduzir nossa vida ao que é conveniente ou às coisas com que podemos lidar. Queremos penetrar nos grandes invisíveis da Trindade, nas adorações sublimes dos anjos, na estranha severidade dos profetas e... em Jesus.

A parábola inicial de Jesus em cada um dos três primeiros Evangelhos enfatiza que a centralidade da Palavra de Deus em nossa vida não é ler, mas ouvir: "Quem tem ouvidos ouça!" (Mt 13.3-9; Mc 4.3-9; Lc 8.5-8). O final de cada um dos sermões de João em Patmos para as sete igrejas é similar: "Aquele que tem ouvidos ouça o que o Espírito diz às igrejas" (Ap 2.7,11,17,29; 3.6,13,22). Ouvir é o que fazemos quando alguém fala conosco; ler é o que fazemos quando alguém escreve para nós. Falar vem primeiro. A escrita deriva da fala. Se quisermos entender a plena força da palavra, a Palavra de Deus, precisamos recuperar sua atmosfera de comunicação oral.

Há muitos anos, eu estava orientando um grupo de jovens em um acampamento de verão. O diretor do acampamento havia comprado, a preço baixo, uma grande quantidade de comida desidratada de um ponto de revenda de excedentes do exército. Para determinada refeição, escolhi na despensa costeletas de porco. Uma porção de costeletas desidratadas, finas como papel, pesando apenas alguns gramas, para garotos famintos de quatorze anos. As instruções diziam para colocá-las em um balde de água por uma hora, e foi o que fizemos. Observamos surpresos que, ao absorver a água, elas se transformaram, dentro do balde, em costeletas grandes e suculentas. Mal podíamos esperar. Àquela altura, tínhamos um fogo de carvões quentes pronto. Colocamos seis costeletas em uma

---

[2] Walter Ong, S.J., *The Presence of the Word* (New Haven: Yale University Press, 1967), p. 19.

frigideira grande e as pusemos sobre as brasas. No momento em que o calor penetrou na frigideira, as costeletas virtualmente desapareceram. Em dois minutos, a água foi embora e ficamos com as fatias de carne de porco finas como papel, como no início.

Em certo sentido, as Escrituras são a Palavra de Deus desidratada, com todo o contexto original removido — vozes vivas, sons da cidade, camelos que transportam especiarias de Seba e ouro de Ofir resfolegando no bazar, fragrância de cozido de lentilhas exalando da cozinha —, tudo agora reduzido a marcas em papel fino como casca de cebola. Fazemos um esforço para reidratá-las; tomamos as Escrituras e passamos uma hora ou mais estudando a Bíblia com amigos ou sozinhos lendo em espírito de oração. No entanto, cinco minutos mais tarde, a caminho do escritório, mergulhados nas tarefas do dia para o qual elas pareciam prometer sustento, não sobrou muito delas. Só tinta em papel da Índia. Descobrimos que ficamos com as palavras da Bíblia, mas sem o mundo bíblico. Não que haja qualquer coisa errada com as palavras como tal. Porém, sem o mundo bíblico — as histórias entrelaçadas, a poesia e as orações que ecoam, o discurso forte e engenhoso de Isaías e as visões extravagantes de João —, as palavras, tal como as sementes da parábola de Jesus que caem no solo, no meio do cascalho ou entre as ervas daninhas, não fincaram raízes em nossa vida.

Lectio divina é o esforço exaustivo que a comunidade cristã faz (a "formidável disciplina" de Austin Farrer!) no sentido de reidratar as Escrituras para que possam manter seu vigor e sua forma originais no calor do dia, conservando por tempo suficiente o seu contexto para que sejam fundidas ou assimiladas em nosso contexto, o mundo em que habitamos, o clamor das vozes no tempo e no trabalho diário em que vivemos. No entanto, leva mais do que uma hora dentro do balde para chegarem aonde queremos. *Lectio divina* é um estilo de vida que se desenvolve "segundo as Escrituras". Não se trata apenas de uma habilidade que exercemos quando uma Bíblia se acha aberta diante de nós, mas de uma vida que corresponde à Palavra que se fez carne, da qual as Escrituras dão testemunho. A Carta aos Hebreus nos ensina que a Palavra de Deus teve origem quando "há muito tempo Deus *falou* muitas vezes e de várias maneiras aos nossos antepassados por meio dos profetas, mas nestes últimos dias *falou-nos* por meio do Filho [...]. Por isso é preciso que prestemos maior atenção ao que temos *ouvido*"

(Hb 1.1-2; 2.1; grifos meus). Essas são palavras que nos foram entregues por "tão grande nuvem de testemunhas" (Hb 12.1), e agora estão impressas em nossas Escrituras Sagradas. É tarefa da *lectio divina* fazer que essas palavras sejam ouvidas, palavras escritas em tinta, mas agora reescritas em sangue.

7

"Orelhas que cavaste para mim"

Vamos então à *lectio divina*.

Trata-se de um modo de leitura que protege contra a despersonalização do texto e sua transformação em uma questão de perguntas e respostas, definições e dogmas. Um modo de leitura que nos impede de virar as Escrituras de cabeça para baixo e usá-las como justificativa, da mesma forma que aquele erudito religioso patético estava tentando fazer com Jesus. Um modo de leitura que desiste de tentar assumir o controle do texto, como se ele dependesse de nossa ajuda. Um modo de leitura que se junta às mulheres da Galileia no sepulcro, aquelas que abandonaram as especiarias e unguentos com os quais cuidariam da Palavra que se fez carne, o Jesus que esperavam encontrar envolto nas mortalhas, e admitiram a ressurreição dessa Palavra e de todas as palavras trazidas à vida nele. Um modo de leitura que significa a fusão de toda a história bíblica com a minha história. Um modo de leitura que se recusa a ser reduzido a isso — *apenas* um modo de leitura — e procura viver o texto, ouvindo e respondendo às vozes dessa "tão grande nuvem de testemunhas" contando as próprias histórias, cantando as suas músicas, pregando os seus sermões, fazendo as suas orações, apresentando as suas perguntas, tendo os seus filhos, sepultando os seus mortos, seguindo Jesus.

A *lectio divina* nos oferece uma disciplina, desenvolvida e legada por nossos ancestrais, cujo objetivo é resgatar o contexto, restaurar a complexa teia de relacionamentos dos quais as Escrituras dão testemunho, mas que são tão facilmente perdidos ou obscurecidos no ato de ler.

* * *

Está na hora de falar sobre os detalhes. Quais são as implicações? Como fazer isso?

A *lectio divina* abrange quatro elementos: *lectio* (lemos o texto), *meditatio* (meditamos sobre o texto), *oratio* (oramos a partir do texto) e *contemplatio* (vivemos o texto). No entanto, a identificação dos quatro elementos deve ser acompanhada de uma noção prática de que o relacionamento entre esses elementos não é sequencial. Ler (*lectio*) é um ato linear, mas a leitura espiritual (*divina*) não é. Qualquer dos elementos pode assumir a primazia, sempre que necessário. Há uma certa progressão natural de um para outro; contudo, depois de separá-los a fim de compreendê-los, descobrimos que, na prática, não se trata de quatro itens distintos que usamos um após outro, como se fossem os degraus de uma escada. Em vez de linear, o processo é mais como uma espiral em que os quatro elementos são repetidos, mas em várias sequências e configurações. O que procuramos é perceber, notar a interação — elementos que não marcham em formação precisa, mas um fazendo surgir o outro e depois retrocedendo para dar lugar a ainda outro; nenhum deles isolado, mas todos lançados juntos em uma espécie de dança folclórica bem alegre. Eles são como sódio e cloro: muito perigosos, até mesmo letais quando isolados, mas, ao formar um composto, se transformam em cloreto de sódio — sal de mesa, que acrescenta vida a outros alimentos de outro modo insossos. Cada um dos elementos deve ser levado a sério; nenhum deles pode ser eliminado. Nenhum dos elementos pode ser usado de modo isolado. Na prática real da *lectio divina*, os quatro elementos se fundem, se interpenetram. *Lectio divina* é um meio de ler que se torna um meio de vida.[1]

Desejo repetir o que nossos companheiros cristãos têm dito de várias maneiras há dois milênios, com algumas modificações que se encaixam no contexto atual.

* * *

[1] Essa formulação clássica da *lectio divina*, precedida por mil anos de práticas que pretendiam transformar a leitura em vida, foi obra de um monge europeu, Guigo Segundo, no século 12. Entre as muitas elaborações do exercício, esta é característica: "A leitura, por assim dizer, coloca o alimento sólido em nossa boca, a meditação a mastiga e a fragmenta, a oração aproveita dela o sabor e a contemplação é a doçura que nos alegra e refresca". Citado e comentado por Simon Tugwell, O.P., *Ways of Imperfection* (Springfield, IL: Templegate, 1985), p. 94.

Uma frase impressionante em Salmos 40.6 serve admiravelmente como uma metáfora para a *lectio divina*: "*Aznayim karitha li*" — literalmente, "orelhas que cavaste para mim". Os tradutores costumam parafrasear, com certa timidez: "as minhas orelhas furaste" (ARC), "abriste os meus ouvidos" (NVI), "tu me deste ouvidos para ouvir" (NTLH). O poeta dos salmos, porém, teve a ousadia de imaginar Deus armado com uma picareta, escavando nossa cabeça dura para que pudéssemos escutar (escutar mesmo) o que ele nos diz.

O principal órgão para receber a revelação de Deus não é o olho que vê, mas a orelha que ouve, o que significa que toda a nossa leitura das Escrituras deve configurar uma forma de ouvir a Palavra de Deus.

A tecnologia da impressão (algo maravilhoso em si) colocou milhares e milhares de Bíblias em nossas mãos; mas, a não ser que essas Bíblias estejam incrustadas no contexto de um Deus que fala pessoalmente e de uma comunidade que ouve em espírito de oração, nós, as pessoas que manuseiam esses livros, corremos um risco especial. Se reduzirmos as Bíblias a simples ferramentas, elas produzirão calos em nosso coração.

Lectio

A leitura pode parecer a primeira coisa, mas não é. Ler é sempre precedido pelo ouvir e pelo falar. A linguagem é essencialmente oral. Não aprendemos nossa linguagem em um livro, nem com uma pessoa escrevendo palavras, mas com alguém falando. A palavra escrita tem potencial para ressuscitar a voz que fala e a orelha que ouve, mas não vai além disso. A palavra pode ficar ali, na página, para ser analisada, admirada ou mesmo ignorada. Só o fato de ler não significa que ouvimos.

A palavra escrita é, também, mais clara do que a falada. A linguagem, quando a usamos para falar e ouvir, é muito ambígua. Perdemos muita coisa, erramos bastante em nossa interpretação. Por mais lógicas e claras que as coisas sejam ditas, o ouvinte, de modo geral, não entende como deveria. Em sentido inverso, por mais atento e informado que seja o ouvinte, o orador quase sempre não diz as coisas certas. Prosseguimos, como T. S. Eliot afirmou certa vez, por "pistas seguidas de palpites".[2] Só o fato de procurar a palavra no

---

[2] T. S. Eliot, "The Dry Salvages", *The Complete Poems and Plays* (Nova York: Harcout, Brace, and Co., 1985), p. 136.

dicionário e registrar cuidadosamente uma referência cruzada em relação a ela não garante que tenhamos ouvido e escutado a voz do Deus vivo.

De vez em quando, fico admirado por Deus ter escolhido arriscar a sua revelação nas ambiguidades da linguagem. Se ele quisesse ter a certeza absoluta de que a verdade seria transmitida de maneira clara, sem qualquer possibilidade de erros de compreensão, então deveria tê-la revelado por meio da matemática. A matemática é a mais exata e clara linguagem da qual dispomos. No entanto, é evidente que você não pode dizer: "Eu te amo" usando a álgebra.

Torna-se, portanto, muito importante evitar o excesso de suposições. É recomendável ouvir o conselho de nossos irmãos e irmãs cristãos que colocam uma Bíblia aberta diante de nós e dizem: "Leia. Leia apenas o que está aqui, mas verifique também se está lendo como está aqui". *Lectio*.

* * *

O ponto de partida não é, como geralmente se pensa, uma gramática e um dicionário. A inflexibilidade das palavras no papel, removidas das nuanças e ambiguidades da voz viva, provoca uma ilusão de apuro e parece exigir uma precisão equivalente por parte do leitor. Melhor fazemos se levarmos em consideração a metáfora, a mais distinta das figuras de linguagem que usamos, também proeminente nas Escrituras. Se não compreendermos como a metáfora opera, não conseguiremos entender bem a maior parte do que lemos na Bíblia. Não importa como analisemos nossas frases hebraicas e gregas, não importa a precisão com a qual usamos o dicionário e traçamos as nossas etimologias, não importa quão corretamente definimos as palavras na página — se não apreciarmos a maneira como uma metáfora trabalha, jamais entenderemos o significado do texto.

Apesar da frequência e da proeminência da metáfora na linguagem, compreender a sua dinâmica não é tão fácil quanto podemos supor, especialmente quando a abordamos na condição de leitores, e não de ouvintes, pois a metáfora dá a impressão de ser literal, composta de letras fixadas na página em tinta indelével. Parece também imutável — se voltarmos a uma página que deixamos de ler há três dias, ela permanece exatamente a mesma de quando a deixamos. Isso não se aplica a uma conversa verbal.

A dificuldade aumenta para a maioria dos leitores da Bíblia por causa do conceito de que se trata da "Palavra de Deus". Isso significa que ela tem de ser levada muito a sério. Mas "a sério", em nossa cultura atual, poucas vezes tem significado literal. A ciência oferece o padrão pelo qual julgar a verdade. Verdade é o que pode ser verificado em condições de laboratório. Verdade é aquilo empiricamente verdadeiro. Em relação a objetos, é aquilo que podemos testar e sondar, medir e pesar; em relação à linguagem, é o que pode resistir à análise lógica extrema. É o que chamamos frequentemente de "literal".

Metáfora é uma forma de linguagem que não passa por esse escrutínio lógico, não resiste aos testes de laboratório. Infeliz (ou felizmente, dependendo do ponto de vista), a Bíblia está repleta de metáforas. Isso significa que, se considerarmos o "literal" como o único meio de nos expressar com seriedade, enfrentaremos problemas a maior parte do tempo, pois uma metáfora é, literalmente, uma mentira.

A metáfora afirma como verdade algo literalmente inverídico. Por exemplo: "Deus é uma rocha", declaração hebraica recorrente sobre Deus ("O Senhor é a minha rocha [...] E quem é a rocha senão o nosso Deus?", Sl 18.2,31). Se tomarmos a frase de maneira literal, em vez de ir ao culto nas manhãs de domingo para adorar, visitaremos a pedreira local e compraremos uma boa rocha que possamos colocar em nosso quintal.

Uma alternativa seria considerar a frase sem sentido e desprezá-la. Se assim fizéssemos, teríamos nas mãos uma Bíblia toda riscada a cada duas ou três frases, inclusive algumas daquelas que mais gostamos: "O Senhor é o meu pastor" (Sl 23.1); "O Senhor é guerreiro" (Êx 15.3); "Sou uma flor de Sarom" (Ct 2.1); "Eu sou a videira verdadeira" (Jo 15.1).

Sandra Schneiders caracteriza com propriedade a metáfora como a linguagem que "mantém um 'é' e um 'não é' em tensão insolúvel".[3] Essa tensão é inerentemente desconfortável, e impõe uma espécie de tratamento de choque à mente, estimulando-a a um envolvimento mais profundo do que a leitura literal e superficial. Se suprimirmos o "é", matamos a metáfora e ficamos com um cadáver mumificado, sem sentido. Se tirarmos o "não é", colocamos a metáfora em termos literais e ficamos com um refugo de palavras gastas ou corroídas.

A metáfora, tratada de modo literal, é simplesmente um absurdo. Mas, se permitirmos que ela nos guie, seremos conduzidos a um nível diferente de esclarecimento. Tome, por exemplo, as metáforas contidas em Salmo 114.3-4:

[3] Sandra M. Schneiders, *The Revelatory Text* (San Francisco: HarperSanFrancisco, 1991), p. 29.

O mar olhou e fugiu,
  o Jordão retrocedeu;
os montes saltaram como carneiros,
  as colinas, como cordeiros.

Não leva muito tempo para compreendermos que se trata de um relato do êxodo. "O mar olhou e fugiu." Na linguagem sóbria da prosa, essa é a história de Israel. Depois de fugir do Egito e ser detido pelas águas do mar Vermelho, o povo andou pela terra seca quando Moisés pegou seu cajado e bateu nas águas, que se partiram. Deus providenciou um meio de fuga. "O Jordão retrocedeu" faz lembrar Israel sendo impedido de entrar na Terra Prometida, no fim dos quarenta anos de peregrinação no deserto, pelo formidável rio Jordão. Josué, então, feriu as águas com seu cajado, o rio se partiu e o povo atravessou e começou sua conquista da terra. Deus providenciou um meio para alcançar a vitória. Na prosa do livro de Êxodo, "os montes saltaram como carneiros, as colinas como cordeiros" é a história da longa espera do povo na base do Sinai, com medo diante dos estrondos e tremores que abalavam o monte enquanto Moisés se achava no alto, recebendo a lei.

Por que não dizer então as coisas claramente? Contá-las diretamente para nós? Denise Levertov, em seu poema "Poetics of Faith" [Poética da fé], nos mostra a razão:

"Direto ao ponto"
  pode ricochetear
sem convencer,
  circunlóquio, analogia,
parábolas, ambiguidades, fornecem
  o contexto, degraus.[4]

De um lado, os atos e a presença de Deus entre nós estão de tal forma além de nosso entendimento que a descrição sóbria e a definição precisa não funcionam mais. Os níveis da realidade se encontram tão além de nós que forçam a extravagância da linguagem. No entanto, embora extravagante, a linguagem não é exagerada. Toda linguagem, especialmente aquela que trata de

---

[4] *"Straight to the point" / can ricochet, / unconvincing, / circumlocution, analogy, / parables, ambiguities, provide / context, stepping-stones.*
Denise Levertov, *The Stream and the Sapphire* (Nova York: New Directions, 1997), p. 31.

transcendência, de Deus, é inadequada e não corresponde às expectativas. A metáfora do mar Vermelho como um chacal em fuga, o Jordão como uma sentinela covarde abandonando o seu posto, a transformação do Sinai em carneiros e cordeiros saltitantes não constitui, naturalmente, um relato jornalístico do que aconteceu, mas também não é produto de uma imaginação desvairada. É um escritor da revelação de Deus dando testemunho da salvação. A mudança repentina do que todos supunham ser os limites da realidade (mar Vermelho e rio Jordão) e a inesperada explosão de energia em uma enorme montanha de granito no deserto silencioso (Sinai) exigiram a metáfora.

Esse é um aspecto daquilo que o poeta Wallace Stevens (ele mesmo um mestre das metáforas) chamou de "motivação para a metáfora".[5] Por meio da metáfora, vemos muito mais do que *as coisas*; percebemos todas essas coisas em tensão e relação dinâmica com tudo o que as cerca. A matéria-prima do mundo não é matéria, mas energia. Como fazemos para expressar essa vitalidade interligada? Usamos a metáfora.

Metáfora é uma palavra que possui um significado além de sua função convencional; o "além" amplia e ilumina a nossa compreensão, em vez de confundi-la. Assim como a linguagem da ecologia demonstra a interligação de todas as *coisas* (ar, água, solo, pessoas, pássaros etc.), a linguagem da metáfora demonstra a interligação de todas as palavras. A palavra histórica (êxodo), a geológica (colinas) e a animal (carneiros) possuem relação direta com todas as demais.

Os significados se interligam. Nada pode ser compreendido separadamente, colocado sob um microscópio; nenhuma palavra pode ser compreendida a partir de sua simples localização em um dicionário. A partir do momento em que falamos, somos atraídos para o entrelaçamento total de toda linguagem que já foi falada. Uma palavra nos leva a relacionamentos surpreendentes com outra, e depois outra e mais outra. É por esse motivo que a metáfora ocupa um lugar tão proeminente nas Escrituras, nas quais tudo está em movimento, encontrando seu espaço em relação à palavra proferida por Deus.

Wendell Berry diz isso com propriedade: "A terra não está morta, como o conceito de propriedade; encontra-se, porém, tão ativa e complexamente

---

[5] Northrop Frye cita e discute Stevens em *The Educated Imagination* (Bloomington: Indiana University Press, 1964), p. 30-32. [No Brasil, *A imaginação educada*. Campinas, SP: Sétimo Selo, 2024.]

viva quanto um homem e uma mulher [...] Existe uma delicada interdependência entre a sua vida e a nossa".[6] Portanto, a declaração metafórica "os montes saltam como carneiros" não é simples ilustração para retratar a exuberância da revelação do Sinai; é uma noção penetrante de que a própria terra reage diante dessa revelação e participa dela. Paulo usou uma metáfora diferente, mas também admirável, para a ação: "Sabemos que toda a natureza criada geme até agora, como em dores de parto. E não só isso, mas nós mesmos..." (Rm 8.22-23). A metáfora não explica nem define; ela nos leva de fora para dentro, envolvendo-nos em toda a realidade que passou a existir pela Palavra de Deus.

A linguagem é aviltada quando usa a metáfora como decoração para esconder pensamentos sombrios, colocando punhos de renda na prosa de braços nus. Na realidade, a linguagem metafórica não é o que aprendemos a usar depois que dominamos os rudimentos da fala clara. Ela é anterior à linguagem descritiva; crianças e poetas são nossos exemplos.

A metáfora espalha tentáculos de encadeamento lógico. Ao nos encontrarmos na confusão das metáforas contidas nas Escrituras, compreendemos que não somos estudantes primários lendo sobre Deus, reunindo informações ou "doutrinas" que podemos estudar e usar; vivemos em uma casa interpernetrada por espíritos: o Espírito de Deus, o meu espírito, o seu espírito. A metáfora nos torna parte do que conhecemos. Cada palavra nos aproxima mais da origem das palavras: a palavra criativa que forma montes e carneiros, colinas e cordeiros, Israel e Judá, Jacó e Cristo, eu e você. A palavra (e, mais claramente, a metáfora) indica transcendência e encontro com Aquele que fala e tudo passa a existir.

É nesse tipo de leitura que as Escrituras, pródigas em metáforas, insistem.

Meditatio

Platão, escrevendo em uma época na qual uma cultura eminentemente oral estava dando lugar à escrita, fez uma observação arguta: escrever debilitaria a memória. Ivan Illich o caracteriza como "o primeiro homem de letras inquieto", pois Platão observou como a confiança de seus alunos em textos silenciosos e passivos estrangulava o fluxo de suas lembranças,

---

[6] Wendell Berry, *A Continuous Harmony* (Nova York: Harcourt Brace Jovanovich, 1972), p. 12.

tornando-o raso e lerdo.⁷ Quando as palavras eram trocadas principalmente por meio das vozes e dos ouvidos, a linguagem era viva e se mantinha viva nos atos de falar e ouvir. No momento, porém, em que as palavras eram escritas, a memória inclinava-se à atrofia — ninguém tinha mais de lembrar o que fora dito; poderia procurar em um livro. Os livros nos roubam o direito e o prazer de dar uma resposta. Ele fez suas observações contando uma história que agora posso "procurar" em seu livro, *Fedro*.⁸

Eis a história. No Egito, havia um deus chamado Tot. Ele inventara muitas coisas, mas sua mais sensacional invenção foram as letras, que tornaram possível a escrita. Certo dia, Tot se exibia, bravateando sobre suas realizações diante do rei Tamus, dizendo que isso tornaria os egípcios mais sábios e lhes daria uma memória mais ativa. O rei Tamus não se interessou nem um pouco. Disse que aquilo acabaria com a memória do povo; que haveria uma probabilidade bem maior de promover o esquecimento do que as lembranças; e que as palavras se limitariam a ser exibidas, dissociadas da realidade. Platão faz Sócrates comentar essa história ao comparar a escrita com a pintura. As figuras na tela do pintor possuem "uma aparência de vida, mas se lhes fizer uma pergunta, elas mantêm um silêncio solene". O mesmo acontece com a escrita: "Faça uma pergunta e ela dá invariavelmente a mesma resposta". Uma vez escritas, as palavras "são jogadas em qualquer lugar, entre aqueles que podem ou não compreendê-las e que não sabem a quem responder; se forem maltratadas ou molestadas, não têm um pai a protegê-las e não podem se proteger ou defender por conta própria". Sócrates — que, tal como Jesus, nunca escreveu nada — prefere "uma palavra viva com alma [...] gravada na alma do aprendiz, que possa se defender e saiba quando falar e quando guardar o silêncio".

Northrop Frye resume a preocupação de Platão deste modo: "A habilidade de registrar tem mais a ver com esquecer do que com lembrar; com manter o passado no passado, em vez de recriá-lo no presente".⁹

---

⁷Ivan Illich e Barry Sanders, *The Alphabetization of the Popular Mind* (Nova York: Vintage, 1988), p. 24.
⁸"Phaedrus", in *The Dialogues of Plato*, trad. Benjamin Jowett (Nova York: Random House, 1937, publicado originalmente em 1892), vol. 1, p. 277-282.
⁹Northrop Frye, *The Great Code: The Bible and the Literature* (Nova York: Harcout Brace Jovanovich, 1982), p. 22.

* * *

Meditatio é a disciplina que adotamos para manter a memória ativa no ato da leitura. A meditação permite que se olhem as palavras para entrar no mundo do texto. Ao tomarmos esse texto para nós, descobrimos que ele está nos tomando para si. O mundo do texto é muito mais amplo e mais real do que nossa mente e nossa experiência. O texto bíblico é uma testemunha da revelação que Deus faz de si. Essa revelação não se resume apenas a uma série de oráculos aleatórios que esclarecem confusões momentâneas ou nos guiam através de circunstâncias desconcertantes. Esse texto revela Deus: Deus criando, Deus salvando, Deus abençoando. O texto possui um contexto, e esse contexto é imenso, sólido, abrangente. Paulo se surpreende com ele: "Ó profundidade da riqueza da sabedoria e do conhecimento de Deus! Quão insondáveis são os teus juízos e inescrutáveis os teus caminhos!" (Rm 11.33).

Esse mundo da revelação não é apenas muito grande; ele é coerente. Tudo está ligado como em um organismo vivo. Um Deus vivo se revela, e se nosso desejo é o de entender alguma coisa, então devemos entrar nessa grandiosa existência. A meditação ensaia essa grandiosidade, entra no que está ali, recompondo todos os aspectos que foram desmembrados em nossa desobediência, percebendo as conexões, compreendendo as congruências, recolhendo os ecos. Há sempre mais em relação a qualquer coisa, qualquer palavra ou frase, do que parece à primeira vista; a meditação entra nos grandes ambientes que não são imediatamente visíveis, que ignoramos em um primeiro olhar.

A meditação é o aspecto de leitura espiritual que nos ensina a ler as Escrituras como um todo interligado, coerente, e não uma coleção de inutilidades inspiradas.

Na antiguidade pagã, havia uma história popular sobre uma mulher que pronunciava oráculos divinos. Seu nome era Sibila, profetiza do povoado grego de Cumae. Ela é a primeira mencionada por Heráclito em 500 a.C. Sempre imaginei Sibila como uma mulher idosa e encarquilhada, com olhos desfocados e cabelos rebeldes, sentada à entrada de uma caverna, mexendo um caldeirão de cozido malcheiroso e murmurando sabedoria sagrada em uma sintaxe familiar aos biscoitos da sorte. Em Cumae, ela deu início a algo que perdurou: as sibilas continuaram a surgir em várias épocas e lugares, pronunciando oráculos com uma voz rouca que os homens e mulheres consideravam conselho divino. Mais tarde, "sibilas" judias e cristãs entraram em cena. As pessoas começaram a colecionar os oráculos e registrá-los em livros. As coleções cresceram. No século 4, havia quinze livros de Oráculos Sibilinos, alguns dos quais eram levados muito a sério por um número considerável de cristãos.[10]

Sibila e suas imitadoras eram uma fonte fácil para o conselho divino, oferecendo sabedoria e orientação para homens e mulheres confusos. O processo mais comum era entrar em uma caverna onde a sibila se achava e ouvir seus sons murmurados. Algumas vezes, santuários eram construídos nesses lugares. Os sons eram misteriosos, geralmente numa linguagem sem sentido aparente — mas linguagem inspirada e, portanto, altamente valorizada como sabedoria, a verdade proferida pela fonte da verdade. Os oráculos não possuíam contexto; eram apenas fragmentos de som gutural ou ofegante dos deuses. Essa era, porém, a grande atração. Os oráculos constituíam a palavra do deus chegando às pessoas sem sintaxe ou contexto. Elas tinham liberdade para suprir pessoalmente esses pontos secundários.

O que surpreende hoje é ver quantas pessoas tratam a Bíblia como uma coleção de oráculos sibilinos, versículos ou frases sem contexto ou conexão. Isso é nada menos que espantoso. As Escrituras são a revelação de um Deus pessoal, relacional, encarnado, dirigida a comunidades reais de homens e mulheres com nomes na história. As testemunhas da revelação são escritores reais que redigem e testemunham à plena luz do dia, e com a confirmação de suas comunidades de adoração. Tudo é transparente. Não se trata de murmúrios em uma caverna escura do Egeu, mas do Espírito Santo operando sob céu aberto, fazendo surgir escrita legível, coerente, que tem continuidade de geração em geração; uma narrativa com enredo, personagens e cenário.

A prática de dividir a Bíblia em capítulos e versículos enumerados apoiou esse "complexo sibilino". A impressão que se tem é a de que a Bíblia é uma coleção de milhares de frases independentes que podem ser extraídas ou combinadas arbitrariamente para que possamos descobrir nossa sorte ou o nosso destino. Os versículos bíblicos, no entanto, não são biscoitos da sorte para serem abertos ao acaso. A Bíblia não é também um mapa astrológico para ser impessoalmente manipulado com a finalidade de obter divertimento ou lucro.

---

[10] J. Knox, "Sibylline Oracles", *Interpreter's Dictionary of the Bible* (Nova York: Abingdon, 1962), vol. 4, p. 343.

* * *

A meditação é o meio principal para nos proteger da fragmentação da nossa leitura bíblica em oráculos isolados. A meditação entra no universo coerente da revelação de Deus. A meditação é uma forma de empregar a imaginação em espírito de oração a fim de nos familiarizarmos com o texto. Ela não deve ser confundida com ilusão ou fantasia.

A imaginação não fabrica coisas. Estamos unidos a uma fé histórica e nos mantemos atentos à eventual intrusão da astúcia humana. Meditação não é intrusão, é ruminação — permitir que as imagens e histórias de toda a revelação penetrem em nosso consciente. Por meio da meditação, ficamos à vontade e conversamos com todas as pessoas na história, entrando no lugar onde Moisés, Elias e Jesus conversam juntos. A participação é necessária. Meditação é participação.

Aprecio a distinção que Warren Wiersbe faz entre fantasia e imaginação: "A fantasia escreveu: 'Maria tinha um cordeirinho', mas a imaginação inspirada escreveu: 'O Senhor é o meu Pastor'. A ilusão cria um mundo novo, ao passo que a imaginação dá um vislumbre do mundo antigo".[11]

Nenhum texto pode ser compreendido fora de todo o seu contexto. O contexto "mais completo" é Jesus. Todo texto bíblico é uma janela ou porta que nos tira das cabanas de papelão do ego e nos conduz ao ar livre da revelação de Deus no céu e no oceano, nas árvores e flores, em Isaías e Maria; e, por fim e de modo completo, em Jesus. A meditação discerne as conexões e ouve as harmonias que se unem em Jesus.

Meditamos para nos identificar com o texto. Saímos da posição de críticos "de fora" e nos tornamos pessoas íntimas, que apreciam as coisas "por dentro". O texto não é mais algo a ser observado com os olhos frios e indiferentes de um especialista, mas algo a ser adentrado com a curiosidade alegre de uma criança.

O Padre Brown, personagem fictício de G. K. Chesterton, mostra-nos como isso ocorre. Perto do fim de sua carreira pitoresca como investigador em roupas sacerdotais, depois de resolver muitos casos de polícia difíceis e complexos, ele conversa com alguns amigos sentado perto de uma lareira, a altas horas da noite, na casa de um deles, situada nas montanhas da Espanha. Um dos amigos lhe pergunta qual o segredo de seus

---

[11] Warren Wiersbe, *Leadership Journal* 23 (primavera de 1983).

muitos sucessos em solucionar crimes. Piscando os olhos grandes e sem expressão, por trás de óculos pequenos e redondos, ele responde com uma voz suave: "Veja bem, fui eu que matei todas essas pessoas". Todos prendem a respiração, olhando atônitos para o tímido e retraído sacerdote. Em seguida, ele prossegue: "Eu refletia sobre como cada um dos assassinatos poderia ter sido cometido e em que condições ou estado da mente um homem poderia cometê-lo. Quando me certificava de que me sentia exatamente como o próprio assassino, é claro que sabia quem ele era".[12]

Oratio

Há mais. Há oração — *oratio*. "O interesse pela Bíblia e a oração andam de mãos dadas. O que recebemos de Deus, na mensagem do livro, devolvemos a ele com juros em oração", escreve P. T. Forsyth.[13] A leitura espiritual exige atenção disciplinada à maneira exata como o texto é escrito: ela exige que entremos de modo meditativo e receptivo no mundo do texto; e também exige uma resposta. Lemos, entramos e logo constatamos, com certa surpresa: "Hum! Isso tem a ver comigo! A Palavra de Deus é dirigida a mim. É comigo que ele fala!". Uma coisa é ouvir Deus falando com Moisés nos duros rochedos do monte Sinai ou ouvir Jesus pregar as bem-aventuranças em uma encosta gramada da Galileia, emocionando-se com a verdade, admirando a majestade do momento. Outra coisa bem diferente é compreender que Deus está falando comigo durante um passeio de bicicleta sob a chuva, enquanto desço por uma estrada rural no estado de Kentucky. Fico sem fala, ou então gaguejo. Como posso responder a Deus? Mas respondo, pois o texto exige isso.

*   *   *

A oração é linguagem usada na relação com Deus. É a mais universal de todas as línguas, a linguagem franca do coração humano. A oração vai de "gemidos inexprimíveis" (Rm 8.26) a petições e agradecimentos compostos em poesia lírica e prosa majestosa, passando por "salmos, hinos e

---

[12] G. K. Chesterton, *The Father Brown Stories* (1929).
[13] P. T. Forsyth, *The Soul of Prayer* (Londres: Independence Press, 1916), p. 46.

cânticos espirituais" (Cl 3.16) e até pelo silêncio que a pessoa apresenta a Deus em adoração atenciosa (Sl 62.1).

A pressuposição fundamental de toda oração é a de que Deus se revela pessoalmente por meio da linguagem. A Palavra de Deus não é colocada em um quadro de avisos, uma placa de aviso impessoal chamando nossa atenção para algo que Deus disse ou fez enquanto seguimos dirigindo pela estrada rumo a um lugar qualquer. Deus cria o cosmos com palavras; ele nos cria com palavras; ele nos chama, fala conosco, sussurra para nós usando palavras. Em seguida, ele concede a nós, suas criaturas humanas, o dom da linguagem. Não só podemos ouvir e compreender quando Deus fala conosco; também podemos falar com ele — responder, conversar, argumentar, questionar. Podemos orar. Deus é quem inicia e garante a linguagem em ambas as direções: quando Deus fala conosco e quando falamos com Deus. É uma maravilha o fato de Deus falar conosco; não é menos maravilhoso o fato de nos ouvir. A revelação bíblica insiste igualmente em ambos os aspectos: a eficácia da linguagem de Deus quando fala conosco e a eficácia de nossa linguagem quando falamos com Deus. Nosso jeito de ouvir Deus consiste em um processo do tipo "ligar e desligar"; no entanto, Deus sempre nos ouve. A realidade essencial da oração é que sua fonte e seu caráter estão inteiramente em Deus. Somos mais nós mesmos quando oramos. A oração, porém, não é uma atividade basicamente humana. A psicologia não nos leva muito longe quando se trata de compreender ou praticar a oração. Saibamos ou não (e, em geral, não sabemos), a oração começa, termina e tem sua existência na companhia da Trindade.

As Escrituras, lidas ou em forma de oração, são nosso acesso principal e normativo a Deus, à medida que ele se revela a nós. As Escrituras são nosso posto de escuta para aprender a linguagem da alma, as maneiras pelas quais Deus fala conosco. Elas também fornecem o vocabulário e a gramática apropriados quando chega a nossa vez de falar com Deus. A oração isolada das Escrituras, do tempo de ouvir Deus, desligada das palavras de Deus para nós, causa dano à linguagem relacional que constitui a oração. Os cristãos adquirem essa prática pessoal e relacional de orar principalmente (embora não exclusivamente) sob a influência formadora dos Salmos e de Jesus.

* * *

Os Salmos são as testemunhas por excelência de nossa oração participativa quando lemos ou ouvimos a Palavra de Deus. Atanásio entendeu muito bem a genialidade dos Salmos ao dizer: "A maioria das Escrituras fala conosco; os Salmos falam para nós". E como falam. Eles não dizem simplesmente: "Sim, Deus, eu concordo. É isso mesmo, eu não poderia ter dito melhor"; ou: "Por favor, pode repetir isso para que eu possa escrever e mostrar aos meus amigos?". Não. Eles argumentam e se queixam, lamentam e louvam, negam e declamam, agradecem e cantam. Em uma página, acusam Deus de traí-los e abandoná-los e, na seguinte, dão cambalhotas de aleluias. Às vezes, achamos que a postura apropriada para responder a Deus ao lermos a Bíblia é ficar encolhidos em uma cadeira diante de uma lareira agradável, dóceis e bem-comportados. Alguns de nós somos ensinados a pensar que ler a Bíblia significa sentar na sala de aula de Deus, e que oração é levantar a mão de maneira educada quando temos alguma dúvida sobre o que ele está nos ensinando em sua palestra a respeito de Deuteronômio. Os Salmos, nosso texto de oração dentro do texto bíblico, mostram algo muito diferente: oração é *envolver* Deus, um envolvimento raramente atingido por uma saudação murmurada e um aperto de mãos convencional. Tal envolvimento, pelo menos nos estágios iniciais, é mais como uma briga do que como um cumprimento; mais como uma luta do que como um abraço cordial.[14]

E como poderia ser de outra maneira? Esse mundo, essa realidade revelada por Deus quando fala conosco, não é o tipo de mundo a que estamos acostumados. Não é um mundo nítido e ordenado sobre o qual podemos exercer controle. Há mistério em toda parte. Leva tempo para nos acostumarmos, e até isso acontecer, ele nos amedronta. Não se trata de um mundo previsível de causa e efeito, no qual podemos planejar nossas carreiras e assegurar nosso futuro. Há milagres por toda parte que nos perturbam demais — a não ser nas ocasiões em que alguns desses milagres nos favorece. Não se trata de um mundo de sonhos em que tudo

---

[14] "A elaboração do modelo bíblico para compreender Deus não foi tanto um processo intelectual quanto um conflito pessoal, em que os homens lutaram com o seu Deus e uns com os outros sobre o seu Deus. Em termos de Antigo Testamento, tratou-se de uma *ribh* ou disputa, uma controvérsia que chama a atenção pública de modo que os homens possam aprender dela. Se houver distorções no retrato bíblico de Deus, elas pertencem não só à visão inadequada como também à resistência humana contra a verdade de Deus e contra insights vistos por outros homens." James Barr, *The Bible in the Modern World* (Londres: SCM, 1973), p. 119.

funciona de acordo com as nossas expectativas adolescentes; há sofrimento, pobreza e abuso, diante dos quais gritamos com dor e indignação: "Isso não poderia ter acontecido!". Para a maioria de nós, são necessários anos e anos a fim de substituir o nosso mundo de sonhos pelo mundo real de graça e misericórdia, sacrifício e amor, liberdade e alegria.

Ao usar os Salmos como escola de oração, quando fazemos essas orações, temos uma ideia do que é mais apropriado dizer no momento em que apresentamos nossa vida em resposta atenta e reverente ao Deus que fala conosco. Ao agirmos assim, a primeira coisa que compreendemos é que, na oração, vale tudo. Praticamente tudo quanto é humano constitui material apropriado para a oração: reflexões e observações, medo e ira, culpa e pecado, perguntas e dúvidas, necessidades e desejos, louvor e gratidão, sofrimento e morte. Nada humano é excluído. Os Salmos constituem um forte argumento contrário à tese de que orar é "ser agradável" diante de Deus. Nada disso. A oração é um oferecimento de nós mesmos, assim como somos. A segunda coisa que compreendemos é que a oração permite o acesso a tudo o que Deus é para nós: santidade, justiça, misericórdia, perdão, soberania, bênção, vindicação, salvação, amor, majestade, glória. Os Salmos demonstram de maneira detalhada que a oração nos leva à presença acolhedora de Deus ao mesmo tempo em que ele se oferece generosamente a nós, exatamente como é.

Lutero, em seu prefácio ao Saltério alemão (1528), escreveu:

> Se você quiser ver a sagrada igreja cristã pintada em cores brilhantes e em um formato realmente vivo, e se quiser que tudo isso seja projetado em miniatura, deve ler o Saltério; ali terá em mãos um espelho excelente, claro, puro, que mostrará o que é, de fato, o cristianismo; sim, você se encontrará nele, assim como o verdadeiro *gnothi seauton* ["conhece-te a ti mesmo"], o próprio Deus e também todas as suas criaturas.[15]

Se os Salmos constituem nosso texto principal para a oração — nosso discurso em resposta à Palavra de Deus —, então Jesus, a Palavra que se fez carne, é nosso principal professor. Jesus é o centro pessoal divino/humano para uma vida de oração. Jesus ora por nós: "[Ele] vive sempre para interceder por eles [nós]" (Hb 7.25). O verbo está no presente. Essa

---

[15] Citado por Artur Weiser, *The Psalms* (Philadelphia: Westminster, 1962), p. 19-20.

é a coisa mais importante que precisamos saber sobre a oração: não que devemos orar ou como devemos orar, mas que Jesus está, neste momento, orando por nós (ver tb. Hb 4.16 e Jo 17). Jesus, a Palavra que nos criou (Jo 1.3; Cl 1.16), está também entre nós para nos ensinar a dirigir nossas palavras pessoalmente a Deus. Ele fez isso, em grande parte, por meio de exemplos. O Evangelho de Lucas cita nove casos: 5.16; 6.12; 9.18,28; 11.1; 22.32,41,44; 24.30. Temos, porém, apenas um pequeno registro de suas orações pessoais. Em algumas, ele não articula palavras (Mc 7.34; 8.12; Jo 11.33; Hb 5.7). Outras são citadas literalmente (Mt 11.25; 26.39; 27.46; Lc 23.46; Jo 11.41; 12.27-28; 17.1-26).

A única ocasião em que Jesus nos instruiu a orar foi em resposta ao pedido dos discípulos: "Senhor, ensina-nos a orar..." (Lc 11.1). Sua resposta foi a seguinte: "Quando vocês orarem, digam...". É a nossa Oração do Senhor, o chamado Pai Nosso (Lc 11.2-4; Mt 6.9-13), mencionado como texto principal da igreja (apoiado pelos Salmos) para guiar os cristãos a uma vida de oração pessoal, honesta e amadurecida. A simplicidade e a brevidade da primeira (e única!) lição ministrada por Jesus sobre a oração é surpreendente. Trata-se de uma reprovação a todas as tentativas de desenvolver técnicas de oração ou de descobrir algum tipo de "segredo". A oração tal como Jesus a praticou e ensinou não constitui uma ferramenta verbal para persuadir Deus, nem é uma fórmula secreta para conseguir que Deus faça a nossa vontade.

A oração é moldada por Jesus, em cujo nome oramos. Nosso conhecimento, nossas necessidades, nossos sentimentos são levados em consideração, mas não são fundamentais. Deus, revelado nas Escrituras que lemos e sobre as quais meditamos, e Jesus, a quem nos dirigimos, dão tanto forma quanto conteúdo às nossas orações. Na oração, somos mais nós mesmos. É o único ato em que podemos e *devemos* ser totalmente autênticos, sendo, igualmente, o ato segundo o qual vamos além de nós mesmos. Nesse "movimento para além", passamos a ser formados e definidos não pela soma total de nossas experiências, mas pelo Pai, pelo Filho e pelo Espírito, a quem e por meio de quem oramos.

* * *

Deus não faz discursos; ele dá início a conversas e somos seus parceiros nelas. Entramos com a sintaxe, a gramática da Palavra de Deus. Não somos a parte mais importante. Não fornecemos os verbos e substantivos, embora estejamos, sem dúvida, nessas conversas. Adicionamos uma preposição aqui, uma conjunção ali, uma ênclise ou próclise ocasional, de vez em quando um advérbio ou adjetivo. Quase sempre é apenas um ponto-e-vírgula ou uma vírgula, um ponto de exclamação ou de interrogação. Mas somos parte da sintaxe, e não ficamos fora dela. O texto faz supor que somos participantes do que é escrito, e não visitantes casuais, não espectadores neutros, não um adendo ou uma nota de rodapé. Pela sua própria natureza, a linguagem faz a conexão. Ela é dialógica: cria conversação.[16] A oração é nossa entrada na gramática da revelação, a gramática da Palavra de Deus.

O mundo revelado pela Palavra de Deus é tão maior do que o nosso mundo condicionado pelo pecado que não é possível entendê-lo de uma só vez. O mundo revelado pela Palavra de Deus tem muito mais nele e por trás dele do que nosso mundo egocêntrico, que não há a menor expectativa de que o compreendamos de uma só vez. Deus, porém, é paciente conosco. É por isso que *oramos* segundo o que lemos. A oração é o meio de sairmos do confortável, porém restrito, mundo do "ego" para o mundo espaçoso de Deus, o mundo do "negue-se a si mesmo". É nos livrarmos do "eu" para podermos ser só alma — cientes de Deus, dimensionados em função de Deus.

A realidade, como revelada por Deus a nós pela sua Palavra em Jesus, é estranha, inesperada e decepcionante. Esse não é o tipo de mundo que teríamos criado se tivéssemos recebido essa incumbência. Essa não é a salvação que teríamos providenciado se fizéssemos parte do comitê organizador. Esse não é o sistema de recompensas e castigos que iríamos legislar se tivéssemos recebido um mandato. Gosto da fala audaciosa e espirituosa de Teresa de Ávila quando estava intensamente envolvida na reforma dos monastérios carmelitas, viajando por toda a Espanha de carro de boi em estradas ruins. Certo dia, ela foi atirada do carro em um riacho lamacento e sacudiu os punhos para Deus: "Deus, se é assim que tratas os teus amigos, não é de admirar que tenhas tão poucos!".[17]

---

[16] "Quase sempre supomos que o problema da interpretação reside em saber o significado das palavras e ordená-las de modo adequado em nossas mentes. Mas as coisas não são bem assim. O problema é decidir, a qualquer momento, qual deve ser a nossa relação com as palavras, mesmo quando sabemos o que elas significam." Denis Donoghue, *Ferocious Alphabet* (Boston: Little Brown, 1976), p. 14.

[17] Teresa of Ávila, *A Life of Prayer*, condensado e editado por James M. Houston (Portland: Multnomah Press, 1983), p. xxvii.

É verdade. A realidade que Deus nos revela em sua Palavra é muito diferente, completamente outra — outra! — em relação a qualquer coisa que poderíamos ter sonhado. E damos graças, pois, se perseverarmos nisso o suficiente, uma oração após a outra, viveremos em uma realidade muito mais ampla, mais bela, melhor. Mas é necessário que nos acostumemos a isso. A oração é o processo de se habituar a isso, indo do pequeno para o grande, do controle para o mistério, do ego para a alma — até chegar a Deus.

Não é fácil. Aquelas noites no monte não foram fáceis para Jesus: aquela noite no Getsêmani, aquelas horas na cruz. Ninguém jamais disse que seria fácil. Deus não afirmou que seria. No entanto, as coisas são assim mesmo — o mundo é assim, nós somos assim, Deus é assim. Você quer viver no mundo real? É esse. Deus não o revela para nós pela sua Palavra só para que *tomemos conhecimento*; ele continua a revelação em nós quando oramos e participamos dele.

A necessidade de uma resposta resoluta e rápida ao Espírito quando lemos o texto está exposta em um registro no diário de Julian Green, em 6 de outubro de 1941:

> A história do maná colhido e posto de lado pelos hebreus é profundamente significativa. O maná, porém, apodreceu quando guardado desse modo. Isso talvez signifique que toda leitura espiritual que não é consumida — pela oração e pelas obras — termina causando uma espécie de podridão dentro de nós. Morre-se com a cabeça cheia de belos ditados e um coração completamente vazio.[18]

Recebemos o alerta: não basta compreender a Bíblia ou admirá-la. Deus falou; agora é a nossa parte. *Oramos* ao partir do que lemos, participamos ativamente do que Deus revela na Palavra. Deus não espera que aceitemos adotemos essa nova realidade deitados numa rede. Seria melhor *não* fazer isso, pois o objetivo de Deus é que essa Palavra nos coloque de pé, em condições de andar, correr, cantar.

Deus não nos obriga a nada disso: a Palavra de Deus é um convite pessoal, uma ordem pessoal, um desafio pessoal, uma repreensão pessoal, um juízo pessoal, um consolo pessoal, uma direção pessoal. Tudo, porém, sem forçar ou coagir. Temos espaço e liberdade para responder, para

---

[18] Julian Green, *Diaries* (Nova York: Macmillan, 1955), p. 101.

entrar na conversa. Desde o início até o fim, a Palavra de Deus é dialógica, uma palavra que convida à participação. A oração é a nossa participação na criação, na salvação e na comunidade que Deus revela a nós nas Escrituras Sagradas.

Contemplatio

O elemento final e conclusivo da *lectio divina* é a contemplação. Contemplação, no esquema da *lectio divina*, significa viver o texto lido/meditado/orado no mundo diário, comum. Significa fazer o texto entrar em nossos músculos e ossos, nossos pulmões que respiram oxigênio e nosso coração que bombeia sangue. Mas, se formos usar a palavra dessa maneira abrangente e cotidiana, precisaremos primeiro libertá-la de seu sentido estereotipado. O estereótipo mais comum para a contemplação é aquilo que os monges e freiras fazem nos monastérios e conventos. A contemplação correta envolve deixar o mundo da família e da vida doméstica, da cidade e dos negócios, fazendo votos de pobreza, castidade e obediência para poder viver em oração silenciosa e estudo refletido, atento, na presença de Deus. Historicamente, a palavra é usada de modo correto para se referir a tal estilo de vida, mas não *apenas* esse estilo de vida. Embora, durante mais de 1.500 anos, muitos (ou mesmo a maioria) dos homens e das mulheres que usaram a palavra "contemplação" tenham vivido em tal situação, não há nada nessa prática que exija uma vida devotada ao isolamento do "mundo". Mesmo assim, é difícil libertar nossa imaginação das amplas associações derivadas dos escritos dos Pais do Deserto e das Mães no Egito, Teresa de Ávila em seu convento carmelita na Espanha, Benedito e seus monges no monastério de Monte Cassino, Heildegard guiando suas freiras no convento que fundou em Bingen (Alemanha), Bernardo pregando a seus monges em Clairvaux ou, em nossos dias, Thomas Merton com os trapistas em Kentucky. Nesses contextos, uma vida contemplativa é quase sempre colocada em contraste com a vida ativa, compreendida como a vida fora do monastério e do convento. Hans Urs von Balthasar, o teólogo católico que se entregou longamente ao estudo e à prática da vida contemplativa, faz um grande esforço para contrariar esse estereótipo, chamando a contemplação de "elo" que une a adoração no santuário e o trabalho no mundo em um só feixe que é, ao mesmo tempo, secular e sagrado: "A vida de contemplação é, forçosamente, uma vida diária de pequenas fidelidades e serviços desempenhados em espírito de amor, uma atitude que torna nossas tarefas mais leves e as aquece com seu calor".[19]

Não tenho qualquer argumento negativo ou crítica a respeito da contemplação praticada nos monastérios; de fato, sou imensamente grato aos homens e mulheres que se entregaram (e continuam a se entregar!) com tal dedicação ao Senhor. Estou, entretanto, decidido também a fazer o que puder para que o termo "contemplação" circule no mundo cotidiano, o que Kathleen Norris chama de "os mistérios do dia a dia: lavar roupa, liturgia e 'tarefas femininas'". Ela escreve:

> Passei a acreditar que os verdadeiros místicos do cotidiano não são aqueles que contemplam a santidade em isolamento, alcançando a iluminação divina em silêncio sereno, mas os que tentam encontrar Deus em uma vida cheia de ruídos, exigências de outras pessoas e deveres diários inexoráveis que consomem o "eu". Podem ser jovens pais lutando com a criação de filhos e ganhando o seu sustento [...] [Se] são sábios, valorizam os raros momentos de solidão e silêncio que conseguem e não fazem uso deles para escapar, distrair-se com a televisão e afins. Em vez disso, ficam à escuta de um sinal da presença de Deus e abrem o coração para a oração.[20]

Defendo minha opinião a favor da democratização da contemplação quando observo que praticamente todas as crianças de três a cinco anos são naturalmente contemplativas: olham quase indiferentes para uma flor que lhes é apresentada, enquanto ficam absorvidas e abstraídas ao observar uma formiga caminhando sobre uma tora.

* * *

Denise Levertov, escrevendo como poeta, compreende a contemplação como território de todos os que levam as palavras a sério ao destacar a definição do termo segundo o Dicionário Oxford, onde aparece como tendo origem em "*templum*, o templo, um lugar de observação, marcado pelo presságio". Isso significa, afirma ela, "não apenas observar, considerar, mas

---

[19] Hans Urs von Balthasar, *Prayer*, p. 111.
[20] Kathleen Norris, *The Quotidian Mysteries* (Nova York: Paulist, 1998), p. 1, 70.

fazer essas coisas *na presença de um deus*".[21] Significa tomar conhecimento de todo o contexto que nos cerca, refletindo sobre a presença humana em uma atmosfera divina. O território léxico em que Levertov se apoia é a poesia: ela é uma poeta trabalhando com palavras. Como leitor trabalhando com as palavras da Bíblia, também estou determinado a resgatar as palavras da Escritura como um *templum*, e depois viver essas palavras que leio "na presença de um deus" — no meu caso, o Deus e Pai de nosso Senhor Jesus Cristo.[22]

Se desejamos que a *lectio divina* seja uma realidade na comunidade cristã hoje, a contemplação deve ser exigida como simplesmente essencial em toda leitura e prática das Escrituras. Não se trata de uma opção; ela é necessária. A própria estranheza e o distanciamento do que é comum pode ser até uma vantagem para recuperar seu vigor distinto: ela impõe um choque verbal aos nossos ouvidos, resgatando-nos de vícios que nos apressam, saqueiam e destroem, aos quais costumamos chamar de "realização pessoal" e "busca da felicidade" — o eufemismo do céu na cultura de consumo. Como tal, ela funciona perfeitamente como uma palavra de protesto contra tantas coisas que tentam nos induzir à admiração e à imitação: tecnologia espiritual, manipulação psicológica, controle institucionalizado, vícios aprovados, pressa evangélica, violência messiânica, indulgência piedosa.

Contemplação significa submeter-se à revelação bíblica, assimilando-a e, em seguida, vivendo-a sem pretensões, sem fanfarras. Não significa (e essas são as interpretações erradas, os estereótipos) quietude, isolamento, serenidade ou benignidade. Não tem nada a ver com passar nossos dias como um mecânico debaixo de um automóvel ou de joelhos em um coral beneditino. Não significa "ter tudo o que é necessário". Não significa estar emocional e mentalmente equilibrado.

Os contemplativos perdem a calma, fazem julgamentos errados, falam coisas erradas e se arrependem de suas palavras, atravessam o sinal vermelho e recebem multas por excesso de velocidade. Os contemplativos ficam deprimidos e confusos, engordam, se perdem e, de vez em quando,

---

[21] Denise Levertov, *The Poet in the World* (Nova York: New Directions, 1973), p. 8, grifos meus.
[22] Não estou sozinho nisso. Há um número cada vez maior de cristãos igualmente determinados a tornar essa palavra e tudo o que ela significa disponível a todos, sem levar em conta sua posição no mundo. Para mim, o mais claro e mais abrangente testemunho é o de Hans Urs von Balthasar em seu livro *Prayer*.

não entendem nada do que acontece à sua volta. "Contemplativo" não é um termo que represente sucesso. Não é uma medalha de honra ao mérito.

Contemplativo é uma designação que qualquer um de nós pode e que todos deveríamos aceitar. Jamais leremos e viveremos a Bíblia corretamente se não fizermos isso. A *lectio divina* antecipa e pressupõe a contemplação. Se nos sentirmos melhor acrescentando o adjetivo "fracassado", não faço objeção. Contemplativo fracassado. Todos os contemplativos são fracassados, mas a palavra, em si, quer adjetivo quer substantivo, se mantém: contemplativo.

* * *

Contemplação significa viver o que lemos, não desperdiçando nem acumulando nada, mas usando a palavra em nossa vida. É vida formada pela Palavra reveladora de Deus, a Palavra de Deus lida e ouvida, meditada e orada. A vida contemplativa não é um tipo especial de vida; é a vida cristã, nada mais e também nada menos. Mas vivida. Joseph Conrad captou a essência da vida contemplativa quando chamou atenção para

> essa parte de nosso ser que é um dom, não uma aquisição, para a capacidade de deleite e admiração [...] nosso senso de piedade e sofrimento, para o sentimento latente de companheirismo com toda a criação — e para a convicção sutil, mas inabalável de solidariedade, que interliga a solidão de inúmeros corações [...] que une toda a humanidade — os mortos aos vivos e os vivos aos ainda não nascidos.[23]

Os contemplativos não formam uma categoria elitista de cristãos. A importância de reabilitar a palavra é que nossa cultura tem a tendência de usar o termo "cristão" para se referir a praticamente qualquer pessoa que não seja comunista ou criminosa. Precisamos de uma palavra impopular que desperte nas pessoas certa sensibilidade para aquilo que lhes causa estranheza nos que vivem pela fé em Jesus Cristo; uma ferramenta verbal que chame atenção ao que é distinto nas vidas formadas pela Palavra de Deus. É possível que a inconveniência dessa palavra, no clima de

---

[23] Citado por Saul Bellow em sua palestra de recebimento do Prêmio Nobel de 1976, em *It All Adds Up* (Nova York: Penguin, 1995), p. 88-89. [No Brasil, *Tudo faz sentido*. Rio de Janeiro: Rocco, 1995.]

nossa época, venha a indicar resistência aos ácidos do secularismo que corroem as arestas de nossa identidade em Cristo.

Contemplativo, no contexto da *lectio divina*, nossa leitura espiritual das Sagradas Escrituras, indica um reconhecimento de uma união orgânica entre a palavra "lida" e a "vivida". A vida contemplativa é a percepção de que a Palavra que se achava no início é também a que se fez carne, e continua sendo a Palavra à qual digo: *"Fiat mihi"* — "Seja feito em mim segundo a tua palavra".

A suposição subjacente à contemplação é que Palavra e Vida são, na verdade, a mesma coisa. A Vida tem origem na Palavra. A Palavra cria a Vida. Não há palavra de Deus que ele não deseje que seja vivida por nós. Todas as palavras possuem a capacidade de encarnar porque todas elas têm origem na Palavra que se fez carne.

Todas as palavras são, portanto, capazes de *des-encarnar,* de não conceber a vida em nossa carne e nosso sangue, de se transformar em mentiras. O diabo, segundo alguns de nossos melhores professores, é *desencarnado* — incapaz de entrar na carne, na vida. A única maneira de participação do diabo nos negócios do mundo é usando-nos como "portadores". O diabo precisa de carne humana para fazer o seu trabalho, por ser tão completamente do outro mundo, tão imaterial que não tem capacidade de "estar tanto na terra como no céu" — exceto quando nós, pessoas de carne e sangue, falamos as suas mentiras e praticamos suas ilusões.

A recusa, quer intencional quer inadvertida, de abraçar a vida contemplativa nos deixa expostos ao risco de nos tornarmos portadores das mentiras do Diabo, desencarnando as palavras de Deus no próprio ato alegre e piedoso de citar a Escrituras Sagradas. Cada palavra de Deus revelada e lida na Bíblia deve ser concebida e dada à luz em nós: Cristo, a Palavra que se fez carne, feito carne em nossa carne.

Uma palavra não é algo espiritual oposto a algo material. Tudo sobre uma palavra é material; ela começa como um sopro de ar, é colocada em movimento pela contração de nossos pulmões, empurrada pelo túnel do esôfago mediante a constrição da laringe e da faringe, sendo, em seguida, trabalhada por um excelente trio (língua, dentes e lábios) para formar uma palavra. E não se resume a isso a materialidade, o aspecto físico da palavra. Ar composto de uma combinação de gases, misturado com vários poluentes no ar que respiramos, transmite a palavra até os nossos ouvidos por caminhos, esses incríveis milagres de engenharia em nossos ouvidos, caminhos tão físicos quanto qualquer ponte de concreto ou estrada de asfalto. A palavra bate contra uma membrana e ativa pequenas engrenagens acústicas que levam o som para as sinapses do cérebro. É nesse ponto que nos arrependemos de nossos pecados, cremos em Jesus, amamos nosso inimigo ou visitamos os doentes. Todas essas ações são físicas: palavra feita carne. Mestre Eckhart (†1327), pregador dominicano na Alemanha, abordou com sucesso a contemplação nesse contexto terreno em um sermão: "Se um homem estivesse em êxtase como Paulo e conhecesse um indivíduo doente que precisasse de alimento da parte dele, penso que seria muito melhor abandonar o êxtase em prol do amor".[24]

"A Palavra se fez carne" não significa o espiritual no físico. A palavra já é física; significa a carne de Jesus. Carne específica, local, citada. Quando oramos assim: "Que seja feito em mim segundo a tua vontade", isso significa que aquilo que se fará deve ocorrer em nossa carne; uma concepção milagrosa no útero de nossa vida. "Cristo em mim", a Palavra tão materialmente presente quanto os caminhos que seguimos, a Palavra tão óbvia e tão misteriosa quanto as luzes que brilham nas lâmpadas que seguramos.

Denis Donoghue, um de nossos melhores críticos, certa vez comentou que, quando William Carlos Williams, um dos maiores poetas, "viu uma pegada, ele não demonstrou interesse pelo significado da experiência como conhecimento, percepção, visão ou mesmo verdade: só desejava encontrar o pé".[25] É isto que os contemplativos fazem; olham em volta para encontrar o pé que se ajusta à pegada (Escrituras).

* * *

Contemplatio, ao contrário de seus três demais companheiros, não é algo que fazemos conscientemente; acontece, é um dom, é algo a que somos receptivos e obedientes. Na linguagem de nossa tradição, é "incutido". Contemplação "não é algo que possamos produzir ou praticar [...] Podemos estar prontos, podemos nos preparar para ela, mas não nos cabe, porém, deduzi-la".[26] Não nos tornamos contemplativos diante das Escrituras

---

[24] Citado por Rowan Williams, *Christian Spirituality* (Atlanta: John Knox, 1980), p. 134.
[25] Denis Donoghue, *The Ordinary Universe* (Nova York: Macmillan, 1968), p. 182.
[26] Andrew Louth, *The Origins of the Christian Mystical Tradition* (Oxford: Clarendon, 1981), p. 14.

voltando-nos para elas como se fossem um objeto nem colocando nossa inteligência a serviço desse objeto, organizando e analisando. Só pode ser "o conhecimento do amor, do desejo e do deleite, a vontade consentindo na atração da beleza divina".[27] A contemplação não é mais uma coisa a ser acrescentada à leitura, à meditação e à oração, mas um encontro da revelação de Deus com a nossa resposta. É seguir conscientemente a Jesus sem pensar em mim; uma vida coerente com Jesus. Não é pensar sobre Deus, não é perguntar continuamente "o que Jesus faria", mas pular no rio. Não é planejar o sucesso de minha vida, mas ser apenas eu mesmo, meu Cristo em minha vida; não é calcular efeitos, mas aceitar e se submeter às condições no-céu-como-na-terra.

Isso significa que a maior parte da contemplação passa despercebida, não é notada, não tem consciência do "eu". Há tanto da Palavra de Deus se revelando no silêncio, em segredo e mistério[28] que existe uma chance de convivermos com um contemplativo durante a vida inteira sem jamais nos darmos conta disso. É ainda mais improvável que reconheçamos um contemplativo em um espelho.

A impossibilidade da avaliação (pelo menos, da autoavaliação) nos dá grande liberdade, ao lermos essas Escrituras Sagradas, para nos empenharmos, para apreciar e receber as palavras das Escrituras. Não tentaremos demais. Não estabeleceremos alvos perfeccionistas. Não controlaremos nada. Não insistiremos na medição de progresso. Não competiremos. Ao ler, meditar e orar, e na continuidade do ato de ler, meditar e orar, daremos um passo para trás para abençoar, amar, obedecer e respirar. "Que seja feita em mim a tua Palavra." Relaxe e receba.

**

Uma vez mais, *"Caveat lector!"*

A *lectio divina* não é uma técnica metódica para a leitura da Bíblia. É um hábito cultivado, desenvolvido, de viver o texto no nome de Jesus. Esse é o caminho, o único caminho, em que as Escrituras Sagradas se tornam formativas na igreja cristã e se transformam em sal e fermento

---

[27] Rowan Williams discutindo Agostinho: *Christian Spirituality*, p. 74.
[28] Para uma exposição precisa e vigorosa sobre isso, ver Virginia Stem Owens, *The Total Image* (Grand Rapids: Eerdmans, 1980), especialmente p. 39-61.

no mundo. Não é mediante disputas e formulações doutrinárias, por meio de estratégias para subjugar os bárbaros, programas congregacionais para educar o laicato nos "princípios e verdades" das Escrituras nem em qualquer das maneiras pelas quais a Bíblia é usada tão comum e vigorosamente entre nós como uma arma, uma ferramenta ou um programa impessoal. É espantoso como inventamos meios de usar a Bíblia para evitar a obediência fiel, tanto pessoal quanto corporativa, para receber e seguir a Palavra que se fez carne.

Sim, sem qualquer dúvida: cuidado.

PARTE III
A COMPANHIA DOS TRADUTORES

Então, como os ouvimos, cada um de nós, em nossa própria língua materna? [...] Nós os ouvimos declarar as maravilhas de Deus em nossa própria língua!

Atos 2.8,11

Cada tradução é um ato messiânico que torna a redenção mais próxima.

Franz Rosenzweig

8

Os secretários de Deus

A grande maioria dos homens e mulheres que ouviram e/ou leram a Palavra de Deus como revelada nas Escrituras e proclamada, o fez com a ajuda de uma vasta companhia de tradutores. Se não fosse por esses tradutores, a maioria deles anônima, haveria pouca leitura e menor probabilidade de se ouvir a Palavra de Deus. Nossa Bíblia é o livro mais traduzido do mundo.

A identidade de Jesus — "Rei dos Judeus" — enquanto pendurado na cruz no Gólgota foi colocada por Pilatos em três idiomas de uso comum naquela época em Jerusalém: aramaico,[1] latim e grego. Há uma grande ironia no fato de Pôncio Pilatos, o governador romano que condenou Jesus a essa morte por crucificação, ter ordenado e mandado traduzir as palavras que anunciavam a soberania de Jesus, embora não totalmente como ele pretendia (Jo 19.19-20). Nem sempre pensamos em Pilatos como integrante da companhia dos tradutores, mas ei-lo ali.

A tradução das Escrituras tornou-se necessária centenas de anos antes dos dias de Jesus. O mesmo aconteceu com a igreja primitiva, quando a sua língua original, o hebraico, foi gradualmente substituída na vida diária do povo de Deus, primeiro pelo aramaico, depois pelo grego.

Tradução para o aramaico

A tradução para o aramaico desempenhou um papel decisivo nos anos que se seguiram à volta de Israel do exílio babilônico, no século 6 a.C. Em 538 a.C. o líder persa Ciro, que tinha ideias liberais, livrou Israel de seus anos de exílio, permitindo que o povo voltasse à terra natal, na Palestina.

---

[1] Quando o texto do Novo Testamento grego (e muitas traduções) se refere a "hebraico", é quase certo que pretenda dizer "aramaico", uma língua-irmã do hebraico.

O aramaico era a língua oficial do império persa. Com o passar dos anos, as muitas línguas representadas nessa gigantesca expansão de terras dominadas ("da Índia à Etiópia", na frase abrangente que inicia o livro de Ester), os idiomas que incluíam o hebraico de Israel foram postos de lado pelo aramaico, a língua oficial do governo e do comércio.

Quando Pilatos fez seu pequeno acréscimo de tradução na cruz de Jesus, o hebraico provavelmente havia deixado de ser a língua falada na vida cotidiana da maioria das áreas, substituída pelo aramaico, que serviu como a língua principal de Jesus e de seus primeiros seguidores. O aramaico como idioma dominante de Jesus e de seus seguidores é um fato do qual temos pouco conhecimento por ser essa língua escassamente representada em nossas bíblias.

No Antigo Testamento, o aramaico só é encontrado em algumas páginas de Esdras (4.8—6.18 e 7.12-26), em pouco mais da metade do livro de Daniel (2.4—7.22), duas palavras em Gênesis (31.47), uma palavra em Salmos (2.12) e um versículo em Jeremias (10.11).

No Novo Testamento, apenas 21 palavras ou frases são os únicos traços remanescentes das ricas camadas de contribuições da língua que Jesus e seus primeiros discípulos falavam. Dez palavras ou frases dos escritores dos Evangelhos e de Paulo: *racá* (Mt 5.22), *satanás* (Mt 16.23), *talita cumi* (Mc 5.41), *efatá* (Mc 7.34), *páscoa* (Mc 14.1), *aba* (Mc 14.36; Rm 8.15), *eloí, eloí, lamá sabactân*" (Mc 15.34), *messias* (Jo 1.41), *rabôni* (Jo 20.16), *maranata* (1Co 16.22);[2] três nomes de lugar em aramaico: Gólgota, Gábata e Aceldama (Jo 19.13,17; At 1:19); e oito nomes aramaicos de pessoas: Cefas, Bartolomeu, Bartimeu, Barnabé, Marta, Tomé, Tadeu e Barrabás. Isso é tudo.

Entre os manuscritos do Mar Morto, alguns dos quais podem ser datados de meados do século 3 a.C., 61 itens traduzidos em aramaico, inclusive um fragmento do livro bíblico de Jó, parecem confirmar o "uso disseminado e predominante do aramaico" durante os anos intertestamentários.[3]

---

[2] *Mamom* ("aquilo em que a pessoa põe sua confiança", da mesma raiz de "amém"), palavra usada por Jesus para se referir ao dinheiro, provavelmente era aramaica. Se for incluída, o total passa a ser de 22.

[3] Emil Schurer, *The History of the Jewish People in the Age of Jesus Christ*, rev. Geza Vermes, Fergus Millar e Matthew Black (Edimburgo: T&T Clark, 1979), vol. 2, p. 22-23.

* * *

Temos um vislumbre do início desse processo de transformação do hebraico para o aramaico na história de Esdras e Neemias. A época provável era 450 a.C.[4] Esdras e Neemias haviam viajado das regiões orientais do império persa para Jerusalém a fim de encorajar os desmoralizados judeus que haviam retornado de seu exílio na Babilônia. No entanto, a previsão de um retorno glorioso à terra natal com a reconstrução triunfante do templo salomônico destruído não se concretizou, redundando em fracasso. Ao chegarem, sua imaginação vibrava com a pregação visionária de Isaías sobre o exílio:

Ele diz:
"Para você é coisa pequena demais ser meu servo
    para restaurar as tribos de Judá
    e trazer de volta aqueles de Israel que eu guardei.
Também farei de você uma luz para os gentios,
    para que você leve a minha salvação até aos confins da terra".

Isaías 49.6

Essa esperança exagerada com a qual chegaram à Palestina, esperando ser "uma luz para os gentios", não demorou muito para desaparecer. Muitos de seus irmãos e suas irmãs no exílio, confortavelmente estabelecidos na Babilônia, haviam se recusado a voltar em sua companhia. Os que voltaram sofreram anos de seca e colheitas fracas, dispunham de poucos recursos e foram cruelmente perseguidos pelos vizinhos samaritanos, ao norte. Tudo indicava que a comunidade não conseguiria se fixar. Anos e anos de esforços intermináveis haviam revelado o grande mosaico formado pelas visões de Isaías: a identidade de Israel como povo de Deus estava por um fio.

A ajuda surgiu com a chegada de Esdras, em primeiro lugar, e depois de Neemias, ambos ocupantes de posições importantes no governo persa.

---

[4] A cronologia de Esdras—Neemias é muito discutida e debatida pelos estudiosos. Podemos situá-la aproximadamente entre 450 a.C. a 425 a.C. — em números redondos, cem anos depois dos primeiros exilados voltarem do exílio na Babilônia. Ver I. W. Provan, V. P. Long e T. Longman III, *A Biblical History of Israel* (Louisville: Westminster; John Knox), 2003, p. 185-303.

Quando souberam das enormes dificuldades de seus irmãos e irmãs na Palestina, eles se puseram a caminho para reanimar o espírito do povo. Não é exagero dizer que aqueles dois homens foram tão cruciais para a sobrevivência do povo de Deus quanto Moisés foi para a sua formação. Eles fizeram exatamente o que era necessário para restabelecer a identidade da comunidade como povo de Deus e colocá-la na direção em que continuaria a partir dali. Esdras reformou a vida espiritual do povo; Neemias o uniu politicamente, reconstruindo as suas defesas.

Esdras levou consigo uma cópia da Lei de Moisés escrita em hebraico original. Durante décadas de pobreza e dificuldades, aqueles judeus em dificuldades, que mantinham a muito custo uma existência miserável em Jerusalém, haviam perdido contato com o seu passado. Eles perderam a lembrança da salvação liderada por Moisés, assim como a intimidade com a revelação do Sinai, a ligação com as disciplinas do deserto e o contato com as histórias familiares de Abraão e Sara, Rute e Boaz, Davi e Abigail. Esdras sabia que precisava começar do princípio. Ele iniciaria com as Escrituras. Mandou construir uma plataforma de madeira na praça da cidade, reuniu o povo, subiu na plataforma e começou a ler o rolo em hebraico, narrando para eles a história que revelava quem eles eram e de onde vieram, sua identidade e seu destino.

Havia, porém, um problema. O povo, que perdera o contato com o seu passado, também se distanciara de sua língua, o hebraico; embora a maioria deles certamente a compreendesse, não era mais sua língua materna. Em cerca de 130 anos, desde que seus ancestrais haviam sido exilados para a Babilônia (586 a.C.), o idioma hebraico recuara para as margens da vida do povo. As pessoas haviam sido criadas falando aramaico, a língua franca do império persa, assim como acontecera a seus pais e avós durante várias gerações. O aramaico continuaria sendo sua língua principal por muito tempo, até a vinda de Jesus.

Aparentemente, o grande empreendimento de recuperação de identidade almejado por Esdras exigia a ajuda de intérpretes. Por sorte, os levitas, a classe sacerdotal responsável por manter contato com suas raízes mosaicas, continuavam bons conhecedores do hebraico. Assim, enquanto Esdras lia o rolo escrito em hebraico, treze levitas, colocados estrategicamente no meio da congregação reunida, ficavam "interpretando-o e explicando-o, a fim de que o povo entendesse o que estava sendo lido" (Ne 8.8). "Explicando-o" não era, provavelmente, uma tradução no sentido estrito do termo, mas uma ajuda ao povo, ao explicar e interpretar o que Esdras lia naquele texto longo, negligenciado e, agora, pouco familiar. O que parece ter acontecido naquele dia é que a comunidade pós-exílica em Jerusalém precisava da ajuda de *intérpretes* para ouvir a Bíblia hebraica, que igualmente envolveria a tradução ocasional de uma palavra ou frase hebraica para o aramaico — língua que, àquela altura, se encontrava em um processo de substituição do hebraico como o idioma nativo na Palestina.

"Explicando-o" foi uma iniciativa que fez mais do que simplesmente fornecer termos equivalentes às palavras lidas naquele dia. O trabalho de tradução interpretativa dos levitas envolveu a vida, o coração e a alma, e não apenas a mente do povo: a princípio, as pessoas choraram e depois se regozijaram, "pois agora compreendiam as palavras que lhes foram explicadas" (Ne 8.9-12). Esse é o resultado pretendido pela verdadeira tradução: provocar o tipo de compreensão que envolve a pessoa inteira em lágrimas e riso, coração e alma, naquilo que é escrito e dito.[5]

Esses treze homens não são mencionados em outras partes da história bíblica, mas também não são tão anônimos assim. Como ajudantes de Esdras, eles foram os heróis do dia ao usar o vernáculo comum para interpretar e esclarecer a leitura da Palavra de Deus feita por Esdras para um povo de Deus que, naquele momento, mal sabia o que a expressão "povo de Deus" significava — muito menos que isso se aplicava a eles. Aqueles homens merecem, pelo menos, a dignidade de serem mencionados entre nós outra vez. Aqui estão eles: Jesua, Bani, Serebias, Jamim, Acube, Sabetai, Hodias, Maaséias, Quelita, Azarias, Jozabade, Hanã e Pelaías (Ne 8.7). Os treze intérpretes supriram oralmente a necessária conexão — o aramaico! — entre o passado e o presente naquele dia. O fato de terem "explicado" para as pessoas poderem entender o sentido fez que o povo de Deus passasse a usar o aramaico por mais de quatrocentos anos, até a época em que Jesus seria pendurado em uma cruz em Jerusalém e identificado como seu Rei nessa mesma língua aramaica.[6]

---

[5] Atualmente, muita atenção tem sido dirigida a essa obra complexa e abrangente de interpretação, a disciplina da hermenêutica. Para um relato completo, ver Anthony Thiselton, *The Two Horizons* (Grand Rapids, MI: Eerdmans, 1980), e Paul Ricoeur, *Essays in Biblical Interpretation* (Philadelphia: Fortress, 1980).

[6] A tradução em aramaico foi, durante séculos, predominantemente oral. Aos poucos, porém, surgiram traduções escritas. O auge desse processo ocorreu na Babilônia, no

Tradução para o grego

A tradução da Bíblia hebraica para o grego é a nossa primeira tradução completa. Enquanto, na tradução em aramaico, temos apenas pedaços, fragmentos espalhados aqui e ali — e, como na história de Esdras e os treze levitas, algo que oferece apenas uma ideia do conteúdo —, a tradução das Escrituras em grego é completa, toda a Bíblia hebraica bem antes do tempo de Jesus e da descida do Espírito Santo no Pentecostes.

Com o tempo, essa tradução grega foi a Bíblia por excelência da primeira igreja cristã, sua versão "autorizada". Quando Paulo escrevia suas cartas à recém-formada comunidade cristã e citava a Bíblia para legitimar e confirmar o relacionamento comum daqueles primeiros cristãos com o povo de Deus que havia sido remido da escravidão no Egito, treinado em uma vida de amor e obediência no deserto e na Terra Prometida, instruído e desafiado pelos grandes profetas pregadores de Israel, ele quase sempre citava essa tradução grega. Quando Marcos escreveu seu Evangelho, ele fez 68 referências distintas ao Antigo Testamento, das quais 25 são citações exatas ou quase exatas da tradução grega. Ao chegarem à cidade grega de Bereia, Paulo e Silas fizeram um estudo bíblico com alguns judeus na sinagoga deles, "examinando todos os dias as Escrituras, para ver se tudo [o evangelho] era assim mesmo". Tratava-se, sem dúvida, da tradução grega oficial das "Escrituras" que eles estudavam (At 17.10-12). Muitos séculos depois, Walter Bauer escreveu sua introdução para o que se tornou o léxico padrão do Novo Testamento grego, afirmando: "Quanto à influência da LXX [a tradução grega], cada página desse léxico mostra que ela supera todas as demais influências em nossa literatura".[7]

Assim como a tradução para o aramaico se tornara necessária nos anos que se seguiram ao decreto de Ciro, segundo o qual o aramaico deveria ser a linguagem oficial do imenso e multilinguístico império persa, duzentos anos mais tarde tornou-se necessária a tradução em grego quando Alexandre, o Grande, conquistou tudo o que era persa, transformando,

---

século 5 d.C., com Targumim ("traduções") rabínicas oficiais em aramaico. Ver F. F. Bruce, *The Books and the Parchments*, ed. rev. (Londres: Marshall Pickering, 1991), p. 123-135.
[7] *A Greek-English Lexicon of the New Testament and Other Early Christian Literature*, 3ª ed. rev. e edit. por Frederick William Danker (Chicago: University of Chicago Press, 2000), p. xxii.

quase da noite para o dia (conforme a história relata), todos em gregos ou, pelo menos, em pessoas que falavam grego.

Assim como o aramaico se tornara a língua corrente do império persa de Ciro, o grego passou a ser a língua corrente do império grego de Alexandre. Pela mesma razão — a fim de administrar um governo e conduzir negócios com uma população tão diversa e falando tantos idiomas (uma verdadeira Babel, sem dúvida) — era necessária uma língua comum. Dessa vez, os gregos comandavam e, portanto, a língua era o grego.

Outra coisa também havia acontecido nesses duzentos anos. Nos dias de Ciro e Alexandre, a comunidade judia havia sido gradualmente dispersada por todo o mundo persa/grego. A dispersão começara sob os babilônios e fora revertida pelos persas, cuja política era repatriar os povos exilados para sua terra natal a fim de que pudessem reconstruir seus lugares de adoração.[8] Essas idas e vindas enfraqueceram qualquer senso de propriedade, fazendo ferver ainda mais o enorme cadinho da dispersão. O processo da dispersão continuou com os gregos, que eram grandes colonizadores. Sob o governo grego, os judeus, primeiro desarraigados e depois restaurados à Palestina, aprenderam a se sentir em casa virtualmente em toda parte. Após cem anos ou mais de governo grego, havia judeus na maioria das grandes cidades do Mediterrâneo e do mundo do Oriente Médio. Onde quer que estivessem, eles estabeleciam uma sinagoga, nutrindo fielmente, no solo de suas Sagradas Escrituras (o único solo que lhes restara), sua identidade como povo de Deus. Dois anos de uma guerra-relâmpago que o levaria da Macedônia até a Índia em uma década, Alexandre o Grande conquistou o Egito, e imediatamente criou ali uma nova cidade em sua própria honra. O ano era 332 a.C. Em um típico caso de arrogância alexandrina, ele a chamou de Alexandria. No espaço de duas gerações, os judeus de fala grega passaram a constituir um terço dos habitantes da cidade e superaram em número os judeus de Jerusalém. A população judaica continuou a multiplicar-se não só em Alexandria, como também em todo o império grego. Cada década afastava mais os judeus da língua de suas Escrituras. Eles precisavam da Bíblia em grego para a leitura nas sinagogas.

---

[8] Surpreendentemente documentada no Cilindro de Ciro, uma inscrição cuneiforme. Tradução em *Ancient Near Eastern Texts*, org. James Pritchard (Princeton, NJ: Princeton University Press, 1995), p. 316.

É, portanto, coerente a ideia de que a iniciativa de traduzir a Bíblia para o grego tenha acontecido em Alexandria. Essa história é contada na *Carta de Aristeias*, uma semente de fato histórico que cresceu até se transformar em lenda. Mas vale a pena contar a lenda pelo que ela nos transmite em relação à consideração dos judeus pela tradução como tal. Aristeias, diz a lenda, era um grande patrono do saber, dono de uma biblioteca de mais de duzentos mil livros. A história que Aristeias conta é que Demétrio, o bibliotecário real de Ptolomeu, informou o rei de que os judeus possuíam livros valiosos que mereciam um lugar em suas estantes. O rei deu sua autorização. Demétrio contou-lhe que os livros eram escritos em uma língua estranha, por isso era necessário traduzi-los. O rei ordenou, então, que uma carta fosse enviada a Eleazar, sumo sacerdote em Jerusalém, para adquirir os manuscritos na companhia de tradutores. O sumo sacerdote escolheu seis anciãos de cada uma das doze tribos como tradutores. Quando os 72 presbíteros chegaram a Alexandria, o rei lhes ofereceu um suntuoso banquete e os testou com perguntas difíceis. Eles passaram no teste e, três dias depois, foram levados pelo bibliotecário Demétrio para a ilha de Faros (famosa por seu farol), junto à costa de Alexandria, onde começaram a trabalhar em um edifício especialmente preparado para eles. Os homens começaram o trabalho e, em setenta e dois dias, os setenta e dois anciãos terminaram a tarefa. Setenta e dois foi arredondado para setenta e, a partir daí, a tradução recebeu o nome de Septuaginta ("setenta"; em algarismos romanos, LXX).

A lenda, como sempre acontece com as lendas, sofreu acréscimos. Narradores posteriores contavam que os 72 trabalharam de modo independente, um em cada aposento, sem ver ou falar uns com os outros. Ao fim dos 72 dias, todas as versões foram consideradas idênticas, palavra por palavra.

A lenda, como se espera de toda lenda, é muito interessante em termos de entretenimento. Mas o núcleo do fato é indiscutível: a tradução da Bíblia para o grego realizada em Alexandria durante o reinado de Ptolomeu II tornou-se a Bíblia oficial das vastas comunidades judias e, com o tempo, da igreja cristã em seus primórdios.[9]

---

[9] A *Carta de Aristeias* refere-se apenas à tradução da Torá, os primeiros cinco livros de Moisés. O restante do Antigo Testamento foi traduzido aos poucos, durante os mais de cem anos que se seguiram. No início da era cristã, toda a Bíblia hebraica estava completa na tradução grega.

A importância da *Carta de Aristeias* para nós reside no enorme respeito e na honra dedicados pela comunidade judia (e, mais tarde, pela cristã) a essa tradução e seus tradutores. Eles criam que o mesmo Espírito de Deus que atuara na redação das Escrituras também atuava em sua tradução. Um século ou mais depois da Carta, Filo, um judeu alexandrino contemporâneo de Jesus, sem se referir à *Carta*, fez uma avaliação semelhante da tradução, classificando a escrita original das Escrituras em hebraico e a tradução em grego como "irmãs". Judeus, escreveu ele, que são bilíngues em hebreu e grego,

> considere-os [o original e a tradução] com temor e reverência no papel de irmãos, ou como uma e a mesma coisa, tanto no assunto quanto nas palavras, e não fale dos autores como tradutores, mas como profetas e sacerdotes dos mistérios [...] de mãos dadas com o mais puro dos espíritos, o espírito de Moisés.[10]

Para judeus e cristãos, o original e a tradução se assemelhavam um ao outro como Escritura autorizada.

Tradução para o inglês

Dois mil anos depois, eu me encontrava na companhia de tradutores, mas sem me considerar um deles. Eu era pastor nos Estados Unidos. Meu trabalho envolvia chamar as duzentas ou trezentas pessoas que formavam a minha congregação para a adoração a Deus e servir-lhes a Ceia. Eu pregava sermões e orientava estudos bíblicos, orava com os membros e intercedia a favor deles. Visitava os doentes e cuidava das almas, batizava e confirmava, fazia casamentos e velórios. Todos éramos fluentes em inglês norte-americano. Com essas pessoas e sob essas circunstâncias, quem precisava de um tradutor?

No entanto, eu me identificava frequentemente com os treze levitas de Esdras na Jerusalém pós-exílica. George Steiner, em seu abrangente tratado sobre a tradução, *Depois de Babel*, defende que a tradução *dentro* de uma língua (intralingual) é uma continuação da tradução entre as

---

[10] Citado em C. K. Barrett, org., *The New Testament Background: Selected Documents*, ed. rev. (Londres: SPCK, 1987), p. 294.

línguas (interlingual).[11] Minha sensação de estar na companhia dos levitas era maior quando eu ocupava o púlpito, tentando tornar as Escrituras compreensíveis na linguagem coloquial de hoje em dia. Assim como os levitas auxiliaram Esdras em Judá, dando "sentido" para o entendimento da Bíblia naqueles dias pós-exílicos de uma cultura bíblica em rápida desintegração, eu fazia algo bastante similar como pastor que pregava em inglês norte-americano pós-moderno, pois a minha congregação também não tinha familiaridade com seu passado, com suas Escrituras, com sua identidade biblicamente formada. Assim como os levitas, que usaram o aramaico vernacular, a maioria das minhas "traduções" era igualmente oral, oferecendo a interpretação, a "compreensão" das Escrituras à medida que eram lidas no santuário para a minha congregação reunida, e também oferecendo um termo norte-americano equivalente para uma expressão idiomática ou alguma metáfora desconhecida.

Sem que eu percebesse o seu significado na ocasião, algo aconteceu, colocando-me na companhia dos tradutores. Isso ocorreu no início da década de 1980, em nossa pequena cidade, que ficava a trinta quilômetros de Baltimore. Um declínio financeiro havia deixado muita gente ansiosa em minha congregação, formada, em sua maioria, por pessoas da classe média. Conflitos raciais surgidos em muitas cidades dos Estados Unidos, alguns bem próximos de Baltimore, exacerbaram a ansiedade. Todos na comunidade em que eu morava e trabalhava passaram a se mostrar repentinamente obcecados por segurança. Os vizinhos estavam colocando fechaduras duplas em suas portas e instalando sistemas de alarme. Homens e mulheres que antes não possuíam armas começaram a comprá-las. Os temores raciais se transformaram em desprezo. A paranoia afetou as conversas que eu ouvia nas esquinas e nas barbearias. Para meu espanto, tudo isso se insinuou em minha congregação sem encontrar qualquer resistência.

Minha surpresa logo se transformou em raiva. Como aquela congregação de cristãos podia tão irracionalmente absorver a ansiedade temerosa do mundo e a odiosa desconfiança com tamanha facilidade? Parecia que, da noite para o dia, eles haviam transformado suas casas em quartéis. Estavam vivendo na defensiva, com toda a cautela, cheios de timidez. E eram cristãos! Eu havia completado vinte anos trabalhando como

---

[11] George Steiner, *After Babel* (Nova York: Oxford University Press, 1975).

pastor daquelas pessoas, pregando as boas-novas de que Jesus vencera o mundo, explicando quem é o próximo a partir da história contada por Jesus sobre o bom samaritano, defendendo as pessoas contra o *status quo* com a história de Jesus sobre o servo cauteloso que enterrou seu talento. Eu os guiara em estudos bíblicos que, acreditava, os firmaria na liberdade para a qual Cristo nos libertou, mantendo seus pés fincados no mundo, embora "não sendo" do mundo ao seu redor, pelo qual Cristo morrera. E ali estavam eles, diante de meus olhos, paralisados pelo medo e "ansiosos pelo amanhã".

À medida que minha raiva e meu espanto diminuíram, comecei a planejar uma estratégia pastoral que, de acordo com as minhas expectativas, recuperaria a identidade das pessoas da igreja como povo livre em Cristo, um povo não "conformado ao mundo", mas vivendo vigorosa e espontaneamente no Espírito. Gálatas pareceu-me um bom texto para isso. Eu estava zangado, e essa é a carta mais irada de Paulo, devido a um relatório contando que as congregações cristãs formadas pelo apóstolo anos antes haviam abandonado a vida de liberdade pela segurança do sistema dos antigos códigos judeus.

Achei que estava na hora de meditar sobre Gálatas com a minha congregação. A segurança e a tranquilidade dos subúrbios já não eram as mesmas. O evangelho já não representava mais uma defesa contra as ansiedades da época. Achei que o paralelo entre as nossas congregações — a de Paulo na Galácia e a minha em Maryland — era extraordinariamente apropriado, e pretendia tirar o máximo proveito dele.

Eu também sabia que isso levava algum tempo. Decidi que ensinaria o livro de Gálatas a uma classe de adultos durante um ano e, em seguida, pregaria durante mais um ano tendo como base o livro de Gálatas. Meu objetivo era saturá-los de Gálatas, a ponto de o texto da epístola lhes sair pelos poros. Depois de dois anos, não saberiam se estavam vivendo na Galácia ou nos Estados Unidos. Mas, com certeza, aprenderiam algo sobre liberdade, a liberdade para a qual Cristo os libertara.

* * *

Anunciei à congregação que daria início a uma classe de adultos para o estudo da Carta aos Gálatas. Nossa classe de adultos da igreja se reunia no porão da ala educacional nas manhãs de domingo, paredes nuas de cimento, cadeiras dobráveis, mesas de plástico organizadas de maneira a formar o desenho de uma ferradura, um cavalete para colocar impressos — nosso equivalente suburbano e presbiteriano das catacumbas. Eu sempre apreciava a intimidade dessas reuniões, a imersão nas Escrituras, as experiências de surpresa e reconhecimento — a Palavra de Deus! — e o ambiente de sinceridade e revelação que sempre parecia imperar. Quando nos instalávamos na arena da revelação de Deus, era quase certo que surgissem momentos nos quais as pessoas conseguiam se revelar — primeiro uma, depois a outra —, livrando-se aos poucos dos disfarces e das maquilagens com os quais todos tentamos nos fazer mais respeitáveis e aceitos no mundo.

No domingo marcado para o início do estudo, quatorze homens e mulheres compareceram, a parte que geralmente me cabia na congregação. Minha rotina era chegar cedo, fazer café, preparar a água para o chá, tirar as xícaras de isopor, distribuir as Bíblias sobre as mesas. Uma conversa sobre amenidades ocupava os primeiros minutos, enquanto tomávamos café e nos acomodávamos ao redor das mesas. Eu sempre achava que, durante dez minutos ou mais, as Bíblias competiam por atenção com o ato litúrgico de mexer o creme e o açúcar no café. Na maioria dos domingos, a Bíblia tomava a frente, mas, naquele domingo específico, os copinhos brancos de isopor pareciam estar ganhando. Ali estava eu, preparando o caminho para uma grande renovação da espiritualidade em minha congregação. Gálatas, a carta irada, apaixonada e ardente de Paulo que resgatou sua congregação de seu retrocesso à escravidão cultural, estava sobre a mesa, e ninguém se aproximava dela. Com sorrisos amáveis, eles pareciam estar dedicando mais atenção a mexer o açúcar do que às palavras do Espírito que pulsavam nas metáforas e na sintaxe de Paulo. Era evidente que eles não estavam entendendo, e eu me senti ofendido, muito ofendido.

Não sei por que fui particularmente atingido naquele dia, pois isso acontece o tempo todo: pais com filhos, amigos com amigos, pastores com membros, professores com alunos, técnicos com jogadores. Descobrimos algo que muda a vida do avesso — uma ideia que sonda a verdade, uma labareda de beleza, um amor apaixonado — e tentamos convencer urgentemente outras pessoas sobre a nossa descoberta. Depois de algum tempo de escuta polida, o indivíduo, evidentemente entediado, vai embora ou muda de assunto, como naqueles tempos de adolescência, quando nos apaixonávamos loucamente por alguém e mal podíamos esperar para contar ao nosso melhor amigo, ao que ele respondia: "Não sei o que você vê nela".

Foi assim que me senti naquele domingo de manhã no porão da igreja presbiteriana em Maryland. Eles estavam lendo frases que tinham a força de um plano revolucionário — e mexendo o açúcar em seu café.

Mais tarde, contei à minha mulher sobre a fracassada inauguração do estudo sobre Gálatas pela manhã. Frustrado e cheio de raiva, comentei:

— Já sei o que vou fazer. Vou ensinar grego a eles. Se lerem em grego, aqueles sorrisinhos vão desaparecer em pouco tempo. Se lerem em grego, o grego de Paulo cheio de ardor, trombeteando a liberdade, eles vão entender.

Ela me olhou com um de seus doces sorrisos na face e respondeu:

— É um excelente método para esvaziar a sala de aula.

O sorriso venceu. Abandonei o projeto do grego. O que fiz, em vez disso, foi passar a semana lutando com o grego de Paulo, tentando transformá-lo naquilo que achava que deveria soar em inglês norte-americano. Tentei imaginar Paulo como pastor daquelas pessoas que estavam deixando escorregar entre os dedos sua liberdade obtida em Cristo com tanto esforço. Como o apóstolo escreveria a eles na linguagem que usavam quando não estavam na igreja? Eu não tinha um plano, um programa, nada tão ambicioso quanto o grego. Só queria que o ouvissem da mesma maneira que eu, da maneira como os gálatas o ouviram, da maneira como Lutero ouviu, da maneira como tantos homens e mulheres, ao longo dos séculos cristãos, escutaram o texto e foram libertados *por* e *para* Deus.

No domingo seguinte, coei o café e esquentei a água para o chá como sempre fazia, mas escondi as bíblias. Em vez das Escrituras, espalhei sobre as mesas quatorze cópias de meus rabiscos — uma página com espaço duplo, cerca de 250 palavras. E li:

> Eu, Paulo, com meus companheiros na fé, envio saudações às igrejas da Galácia. Minha autoridade para escrever a você não vem de ninguém nem procede de alguém de hierarquia superior, mas diretamente de Jesus, o Messias, e de Deus, o Pai, que o ressuscitou dos mortos. Fui convocado por Deus. Quero saudá-los com as belas palavras "graça" e "paz"! São belas, pois nos lembram como Jesus Cristo nos resgatou do mundo maligno

em que vivemos quando se ofereceu em sacrifício por nossos pecados. A vontade de Deus é que experimentemos esse resgate. Glória a Deus para sempre! Amém!

Não posso acreditar no que ouvi! Como podem ser tão inconstantes? Como resolvem abraçar outra mensagem? Vocês estão traindo aquele que os chamou para a graça de Cristo. E vocês sabem que não se trata de detalhes irrelevantes: é outra mensagem! Completamente diferente! É mentira deslavada sobre Deus. Os responsáveis por essa agitação estão virando a Mensagem de Cristo de pernas para o ar. Quero deixar bem claro: se algum de nós — até mesmo um anjo do céu — pregar uma mensagem diferente da verdadeira e original, seja amaldiçoado. Vou repetir: se alguém — não importa a reputação ou as credenciais que possua — pregar uma mensagem diferente da que vocês receberam no início, seja amaldiçoado!

E assim por diante. Lemos as páginas semana após semana, tentando colocar o grego de Paulo no inglês norte-americano que eles falavam quando não estavam na igreja, as palavras e frases que usavam no trabalho, em casa, brincando com os filhos, na rua. A cada semana eu levava uma página nova. Examinamos as metáforas e frases em confronto com o inglês dos Estados Unidos, sugerimos emendas, eliminamos os clichês, tentando, o tempo todo, manter os fortes limites da linguagem de Paulo em nosso vernáculo.

Depois da segunda semana de uso desse novo formato, enquanto eu limpava e arrumava a sala, notei que todos os copinhos estavam até a metade, cheios de café frio. Ali eu soube que os havia conquistado. Jamais senti tamanha satisfação em fazer a limpeza depois da saída dos convidados — derramar todo aquele café frio na pia e jogar os copos no lixo!

Debruçamo-nos todas as manhãs de domingo sobre uma nova cópia do texto traduzido durantes os meses do outono, do inverno e da primavera. Em nove meses, completamos Gálatas. Sem saber o que estávamos fazendo, ou o impacto que isso exerceria sobre a nossa cultura, havíamos nos unido à companhia dos tradutores, os "secretários de Deus".[12] No outono seguinte, comecei uma série de pregações que durou nove meses, nos

---

[12] Título do livro de Adam Nicolson sobre o trabalho da companhia dos tradutores, os cinquenta ou mais eruditos e pastores que traduziram a Bíblia King James em sete anos, de 1604 a 1611: *God's Secretaries: The Making of the King James Bible* (Nova York: Harper Collins, 2001).

quais apresentei o mesmo texto de Gálatas para a congregação. No verão seguinte, comecei a escrever, esperando publicar um livro a partir daqueles dois anos de conversas e oração, adoração e ensino, colaboração entre pastor e congregação para ouvir o grande texto da liberdade no Espírito, resgatando-nos e submetendo-nos, bem como a nossa cultura, à palavra formadora de Deus.

Vários anos após a publicação do livro,[13] recebi uma carta de um editor.

> Você se lembra do livro que escreveu sobre Gálatas? Tirei cópias de partes da tradução, colei-as e as levo comigo aonde quer que vá, lendo-as repetidamente para mim mesmo e para meus amigos. Todos estamos ficando realmente cansados de Gálatas. Por que você não traduz todo o Novo Testamento?

Protestei dizendo que aquilo era impossível. Eu trabalhava como pastor — levara dois anos para traduzir um dos menores livros do Novo Testamento. Além disso, já não havia traduções e paráfrases suficientes? Na história mais recente e definitiva da Bíblia em inglês, David Daniell calcula que mais de 1.200 novas traduções da Bíblia em inglês, ou partes dela, foram feitas a partir do hebraico e do grego originais, entre 1945 e 1990. Trinta e cinco eram novas traduções da Bíblia inteira e oitenta novas traduções só do Novo Testamento. O comentário de Daniell — "São números enormes" — chega a ser um eufemismo.[14]

Meu editor insistiu. Depois de alguns anos de cartas e telefonemas, pareceu "bem ao Espírito Santo e a nós" (editor e editora, minha esposa e eu) que aquele era o trabalho a que estávamos destinados. Pedi demissão do cargo de pastor da congregação (depois de 29 anos) e comecei a traduzir o texto em um inglês norte-americano vernacular.

Quando me sentei com os textos hebraico e grego a fim de traduzi-los em inglês dos Estados Unidos para outras congregações além da minha, não parecia algo muito diferente do que eu havia feito durante 35 anos como pastor: uma pessoa ordenada por minha igreja para levar

---

[13] *Traveling Light: Modern Meditations on St. Paul's Letter of Freedom* (Colorado Springs: Helmers and Howard, 1988; publicado originalmente como *Traveling Light: Reflections on the Free Life*, pela InterVarsity Press, 1982).

[14] David Daniell, *The Bible in English: Its History and Influence* (New Haven: Yale University Press, 2003), p. 764-765.

a Palavra de Deus presente nas Escrituras e os sacramentos ao povo a quem eu fora chamado para servir; para guiar esse povo a uma vida de adoração a Deus Pai, seguindo o Filho Jesus, e recebendo o Espírito Santo em todos os detalhes envolvidos na criação de famílias, no trabalho que garante o sustento e em uma vida alegre e responsável dentro do território norte-americano. Como pastor, sempre tive a noção de que deveria trabalhar para as pessoas mais próximas, com as quais me identifico em termos culturais. Generalizações e "grandes" verdades não adiantariam. Minha vizinhança era norte-americana; em *A Mensagem*, o idioma teria necessariamente de ser o inglês norte-americano. Pus mãos à obra. O trabalho levou dez anos.

9

A mensagem

A linguagem é sagrada em sua essência. Ela tem sua origem em Deus. "No princípio era aquele que é a Palavra. Ele estava com Deus, e era Deus" (Jo 1.1). Quando João reescreveu Gênesis, enfatizando a primazia da linguagem (Palavra e palavras) no próprio ser de Deus e na maneira como ele opera, o apóstolo continuou, fazendo a verdadeiramente espantosa declaração de que "aquele que é a Palavra tornou-se carne e viveu entre nós" (Jo 1.14). Com tal afirmativa, João dá início a seu testemunho detalhado de Jesus como a Palavra — Jesus revelando quem ele é (quem *Deus* é), usando o idioma aramaico, língua corrente das ruas em sua época, para fazer isso: revelar a Palavra que era Deus no princípio. Quando João escreveu esse testemunho (seu Evangelho), ele traduziu para o grego as palavras e as histórias que havia ouvido Jesus contar em aramaico. Essa Palavra, esse Jesus, não ficava vagando pelas estradas da Palestina para parar nas aldeias e fazer preleções sobre a divindade no sentido abstrato, impondo regras de conduta aceitáveis diante de Deus nas praças ou explicando como as coisas são para satisfazer a nossa curiosidade natural. Ele tanto falava quanto era a própria linguagem que revelava Deus — não externa, mas internamente, o coração de Deus, a maneira abrangente de o Criador estar conosco em termos pessoais e relacionais como Pai, Filho e Espírito Santo. E as pessoas o compreendiam: "E a grande multidão o ouvia com prazer" (Mc 12.37). Ele falava a linguagem de Deus no idioma deles. Conforme homens e mulheres recebiam essas palavras, eram *transformados* em uma "nova criação"; eles "nasciam de novo".

Essa qualidade da linguagem, a de revelar as coisas, mantém seu núcleo sagrado de criação e salvação à medida que os seres humanos continuam exercendo sua capacidade de falar e ouvir, mas, sobretudo, quando usam a linguagem para revelar uns aos outros quem são de maneira peculiar. Não estamos apenas usando palavras para trocar informações, para indagar como chegar ao outro lado da rua, para receber ou entregar mercadorias e serviços, para identificar o falcão de cauda vermelha e a genciana franjada, mas para *nos revelar*: nossa esperança e nossos sonhos, os pensamentos e as orações, essa vasta interioridade que resumimos como *alma*, esse mistério insondável de quem somos como "imagem de Deus".

Essa sacralidade da linguagem, quer falada quer escrita, pode se tornar um sacrilégio em duas direções, descendente e ascendente. O sacrilégio descendente toma a forma de blasfêmia, as palavras usadas para desonrar e profanar. A santidade da linguagem reside na capacidade de revelar o que não pode ser pesado e medido, de revelar o espírito, a realidade interior, quer divina ou humana. Se for aviltada com o uso de palavras de baixo calão, clichês ou falsidade, ela viola a essência sagrada do homem ou da mulher — ou de Deus. Reduz a realidade, quer humana ou divina, a algo menor, impessoal, objeto ou imagem que posso manipular e usar. Tal linguagem dá a entender que, se eu tiver de ser um montículo, então jamais serei uma montanha.

O sacrilégio ascendente ocorre quando a linguagem é inflada de abstrações, como se fosse um balão, ou espalhada na imaterialidade de um chumaço de algodão. A linguagem pretensiosa também é uma forma de violação do núcleo sagrado da linguagem, comparável à blasfêmia e às baixarias. Isso acontece quando usamos palavras para elogiar ou impressionar, quando usamos palavras para nos distanciar do relacionamento com os outros, sejam eles as pessoas da Trindade, nossos pais, nossos líderes, as celebridades, os amigos e os vizinhos. Se usamos a linguagem para colocar as pessoas em pedestais ou posições de proeminência, não temos mais de lidar com elas na condição de pessoas, e sim como ideias, representações ou funções. Parece que estamos dedicando honra a elas, mas, de fato, estamos usando a linguagem para mantê-las longe da vizinhança em que vivemos. Ficamos, dessa forma, livres para lidar com essas pessoas a partir de nossas fantasias escapistas, de críticas condescendentes, de sonhos mesquinhos ou despedidas rudes. Essa é a profanação "ascendente" da linguagem.

Quando se trata de ler e responder às Escrituras, o perigo da violação ascendente é ainda maior do que o risco das profanações descendentes pela simples razão de ser mais difícil de perceber. A blasfêmia direta (um irado "Vá se danar!") chama mais atenção do que a piedade servil — por exemplo, um "precioso e exaltado, santo e incomparável Deus Todo-poderoso" proferido em tom de voz trêmulo. Ironicamente, essa última modalidade de profanação da linguagem pode se revelar maior do que a primeira.

Nós raramente pensamos nisso, mas não é necessário usar muita imaginação para compreender que as primeiras pessoas que leram a Bíblia não sabiam que estavam lendo a Palavra de Deus. Elas simplesmente ouviam histórias a respeito de seus ancestrais Abraão e Samuel, ou liam notas de antigos sermões escritos em pedaços de papel, ou discutiam uma carta de um homem que desconheciam, mas que alguns amigos disseram que valia a pena escutar. Essas palavras não continham autoridade externa. Se os leitores julgassem o livro pela capa, seria difícil se deixarem impressionar. Talvez até desdenhassem do conteúdo. O perigo para eles era o sacrilégio descendente, desprezando o que não compreendiam ou reduzindo as intimidades ali reveladas a um punhado de fofocas piedosas. No entanto, não demorou muito para que algumas pessoas compreendessem que aquelas palavras revelavam algo sobre Deus que elas jamais poderiam ter imaginado, dando-lhes uma linguagem pela qual podiam responder adequadamente, com o coração. As palavras foram colecionadas e honradas; elas se tornaram o texto pelo qual os cristãos passaram a viver. Isso se provou uma atitude de grande valor, pois foi assim que recebemos a Bíblia.

Ao longo do caminho, entretanto, os perigos do sacrilégio deixaram de ser descendentes e se tornaram ascendentes. Uma vez que a Bíblia passou a ser uma autoridade reverenciada, tornou-se possível tratá-la como uma coisa, uma autoridade impessoal, usá-la para definir ou condenar os outros e para evitar a Palavra de Deus de maneira pessoal, relacional e obediente. Não levou muito tempo para as pessoas começarem a usar a Bíblia como uma capa, uma fachada, honrando-a, louvando-a como um artefato verbal, defendendo-a como a Verdade contra todos, tratando-a como um clássico, uma grandiosa literatura, em lugar de receber essas palavras e responder a elas como a Palavra de Deus. Contudo, as palavras das Escrituras, por mais impressionantes que sejam, não são simplesmente palavras que rotulam, definem ou provam, mas palavras que revelam, que moldam a alma, que geram vidas salvas, que formam vidas crentes e submissas. As palavras impessoais, obstinadas, que fazem propaganda e manipulam, por mais ardentes e exatas que sejam, inflam e causam a profanação ascendente. Elas não criam raízes no coração, mas perdem terreno no cotidiano do indivíduo. As pessoas deixam de responder à Palavra, aquelas palavras que revelam a vontade e a presença de Deus, a linguagem em que também somos convidados a nos revelar em oração e louvor, em obediência e amor. Ter, defender e celebrar a Bíblia, em vez de recebê-la, submeter-se a ela e usá-la como base da oração, é uma atitude que mascara com perfeição a falta de leitura.

Para aqueles de nós que levam a sério as Escrituras como a Palavra de Deus e o texto com autoridade pelo qual decidimos viver, a tradução é uma das primeiras defesas que temos contra o sacrilégio ascendente, contra o risco de a linguagem levar a exageros ou artifícios que não são mais coerentes com a maneira de expressarmos a vida comum. Como os exageros estão sempre "com o ouvido colado na porta" da linguagem, os tradutores devem estar preparados para evitar que se perca a semelhança com o discurso comum que usamos ao falar com nossos filhos e amigos. Quando as Escrituras são a linguagem em questão, usada por Deus para se revelar a nós, os riscos são muito grandes.

A tradução mais amplamente distribuída e influente da Bíblia na língua inglesa foi autorizada pelo rei James, da Inglaterra, e publicada em 1611, que continua a levar o seu nome: a Versão King James. Essa grande realização, "o grande monumento do protestantismo inglês e norte-americano",[1] foi beneficiada por uma série de revisões possibilitadas pela recuperação de manuscritos anteriores e mais exatos.[2] Embora as revisões tenham fornecido um texto impressionantemente exato, elas não evitaram uma brecha cada vez maior entre a linguagem da Bíblia e a que usamos em nossa vida diária.

No entanto, em 1897 e 1923, foram feitas descobertas arqueológicas que infundiram sangue novo nas traduções bíblicas. Os tradutores trabalharam no texto com resultados esplêndidos. A aldeia de Oxirrinco, no Egito, e o reino antigo de Ugarite, na Síria, foram os sítios dessas descobertas, que introduziram uma dimensão completamente nova no mundo da tradução bíblica posterior ao rei James. Os nomes desses dois lugares não são exatamente familiares entre os leitores da Bíblia, mas deveriam ser, pois fazem surgir um mundo de linguagem e cultura que revolucionou (não creio que seja uma palavra muito forte) a tradução da Bíblia.

---

[1] Adam Nicolson: *God's Secretaries: The Making of the King James Bible* (Nova York: Harper Collins, 2001), p. 188.
[2] Foram realizadas revisões em 1881 (RV) e 1901 (ASV). A RSV, em 1954, e a NRSV, em 1989, continuaram na tradição Tyndale-KJV, mas se tornaram também versões cada vez mais independentes por seus próprios méritos, por estarem mais e mais interessadas em lidar com a linguagem clássica.

Oxirrinco e Ugarite

Oxirrinco fica no Egito. O Egito sempre foi o queridinho dos arqueólogos, cortejado por quase todos interessados no mundo da antiguidade. Um mundo de prodígios: as pirâmides de Gizé, a esfinge impenetrável, o templo de Carnaque, as estátuas gigantes, a alta arte dos hieróglifos. Um lugar de maravilhas a serem contempladas e de mistérios a serem solucionados. No entanto, a descoberta que afetou a mente cristã com intensidade maior do que todas as maravilhas e mistérios reunidos foi realizada em um lixão na aldeia de Oxirrinco, no Nilo, 257 quilômetros ao sul do Cairo. Não havia templos em Oxirrinco, nem tumbas em pirâmides ou estátuas de Horus e Osíris, nada que valesse a pena fotografar, nada que valesse a pena alugar um camelo para visitar. Apenas aquele depósito de lixo onde dois homens desenterraram alguns pedaços de papel, o conteúdo descartado das latas de lixo da cidade. Os homens eram britânicos, Bernard Grenfell e Arthur Hunt. O ano era 1897. Os fragmentos de papel (papiros) que desenterraram do lixão estavam escritos em grego. A partir do momento em que Grenfell e Hunt leram as primeiras palavras naquelas tiras, eles perceberam que haviam encontrado algo grande, muito grande. "Sensacional", a palavra usada pelos lexicógrafos luteranos americanos William Arndt e Wilfred Gingrich, foi, na verdade, até um eufemismo para qualificar as descobertas.[3]

* * *

Como já observamos, no mundo em que os 27 documentos que compõem o nosso Novo Testamento foram escritos, o grego era a língua predominante. Assim como o aramaico fora a língua corrente do império persa, o grego foi a língua unificadora dos impérios grego e romano que o sucederam. Sem levar em conta seu idioma materno — egípcio, sírio, árabe —, se você vivesse na época de Alexandre, o Grande, um grande divulgador de tudo quanto dizia respeito à Grécia, certamente falaria um pouco de grego. Se jornais fossem publicados naquele período, teriam sido em grego. Os negócios eram conduzidos em grego, os decretos

---

[3] *A Greek-English Lexicon of the New Testament and Other Early Christian Literature*, 3ª ed. rev. e org. por Frederick William Danker (Chicago: University of Chicago Press, 2000), p.v.

governamentais eram expedidos em grego, as matérias escolares eram ensinadas em grego. Não em toda parte, é claro, pois os dialetos locais persistiram, mas na maioria dos lugares era assim.

Na época em que Jesus nasceu em Belém, o grego já era um idioma antigo. Havia pelo menos mil anos de escritos que formavam uma impressionante biblioteca de literatura: Homero e Xenofonte, Píndaro e Esquilo, Safo e Euclides, Heráclito e Parmênides, Platão e Aristóteles. Grandes épicos, dramas fascinantes, história penetrante, poesia lírica, filosofia profunda, ciência perspicaz. O grego era resistente, elegante e maleável, capaz de enormes sutilezas.

Por volta de 500 a.C., o dialeto de Atenas (grego ático) havia emergido como o grego dominante da região e se imposto sobre os vários dialetos das terras gregas; tornou-se o dialeto comum, o veículo comum para a comunicação, especialmente nos negócios e nas campanhas militares. Foi também o grego ático que alcançou alta posição como língua literária no período clássico (500 a 323 a.C.). Porém, na época das conquistas militares e culturais de Alexandre, o Grande, ao conquistar todos os países da Grécia à Índia e da Síria ao Egito, à medida que o grego passou a ser o idioma comum em todo aquele vasto e multilíngue território, ele perdeu um pouco a sua elegância. Ao ser adaptado ao uso internacional — militar, mercantil, diplomático —, a brecha que existia entre onde o grego começou (preservado na literatura ática clássica) e onde terminou (a linguagem do povo) tornou-se significativa. O dialeto ático de Atenas evoluiu, assim, para o que costumeiramente nos referimos como o grego *koiné* ou "comum" do período helenista e do Novo Testamento. Enquanto isso, os filósofos, poetas, dramaturgos e historiadores continuaram a escrever em grego clássico, o grego "apropriado". Todos os estudantes aprenderam que os escritores sérios deveriam rejeitar a linguagem comum (*koiné*), que só era adequada ao uso não literário.

Como consequência disso, no curso dos três séculos que precederam Jesus e a formação da igreja cristã havia dois níveis do idioma grego: o grego clássico, representado pelos grandes escritores do passado, e o grego comum, usado em todo o império para conduzir os assuntos da vida cotidiana. Se você pretendesse escrever história, filosofia ou poesia, empregaria o melhor grego disponível, o grego clássico. Mas, se estivesse conversando com seus vizinhos ou fazendo compras no mercado, usaria o *koiné*, a linguagem comum. Se, de vez em quando, tivesse de completar sua conversa com algo por escrito, essa escrita não literária iria para o cesto de lixo, e dali chegaria, com o tempo, ao depósito de lixo.

Portanto, somente o que era escrito em grego clássico sobreviveu, escritos que acabaram nas bibliotecas e arquivos do governo ou em monumentos e inscrições formais — o tipo de escrita que os escritores profissionais, os "verdadeiros" escritores, usavam.

O tempo passou. Com o tempo, os documentos que se tornaram o nosso Novo Testamento foram reunidos e honrados, vindo a se unir à tradução grega das Escrituras hebraicas (a Septuaginta) e se tornar o texto para a igreja cristã com a autoridade da Palavra de Deus. À medida que o império romano ampliou sua extensão e influência, eles foram, aos poucos, traduzidos para o latim. Os tradutores naturalmente notaram que o grego de Paulo e Marcos era bem diferente daquele que haviam aprendido nas escolas. O grego do Novo Testamento soava tão bárbaro para os instruídos que teve de ser defendido pela igreja primitiva. Com o passar dos séculos, depois de vários processos de tradução, surgiram duas teorias para justificar a estranheza do grego do Novo Testamento em comparação ao grego clássico. Um grupo achava que o Novo Testamento grego deveria ser uma tradução de um texto hebraico original. Esses eram os "hebraístas": eles argumentavam que um original hebraico subjacente respondia pela qualidade do grego dos escritos. O outro grupo, os "puristas", defendia que o Novo Testamento grego era uma linguagem especial, criada pelo Espírito Santo para servir aos propósitos da revelação de Deus. O grego clássico que fornecia a base foi purificado de suas origens pagãs pelo fogo depurador do Espírito Santo.

O Novo Testamento grego tem um vocabulário de cerca de cinco mil palavras. Dessas cinco mil, cerca de quinhentas foram consideradas exclusivas do Novo Testamento, não constando em qualquer literatura secular grega até então. Os "puristas" se aproveitaram dessa estatística para sugerir que o Espírito modificou o grego secular para dar a ele um aspecto distinto do "Espírito Santo", e depois o completou com palavras do "Espírito Santo" recém-cunhadas para confirmar sua condição exaltada como a linguagem da revelação. Assim como inspirou os escritores Marcos, Lucas, Paulo, João e os demais, o Espírito Santo também teria fornecido ao texto palavras especiais, necessárias para transmitir a singularidade da mensagem. Essa linguagem, o "grego bíblico", seria exclusiva da Bíblia, jamais profanada pelo uso comum. Um teólogo alemão, Richard Rothe, chegou ao ponto de chamá-la de "língua do Espírito Santo".[4]

Nunca houve dúvida de que o Novo Testamento grego fosse diferente do grego clássico. Mas como justificar a diferença? Os "hebraístas" e os "puristas", de maneiras bem diversas, fizeram o melhor que puderam para apresentar uma resposta.

Isso até aquele dia de abril de 1897, quando Bernard Grenfell e Arthur Hunt pescaram aquele primeiro fragmento de papel do depósito de lixo de Oxirrinco. E depois outro, e mais outro. Ao lerem o seu conteúdo, eles puderam ter uma ideia de como era a vida nas ruas lamacentas, nos mercados lotados e nos parques ruidosos da antiga Alexandria. Logo notaram que muitas das palavras que estavam lendo se achavam entre as quinhentas ou mais palavras do Espírito Santo supostamente exclusivas do Novo Testamento. Enquanto continuavam a decifrar e ler o que estava escrito naqueles fragmentos de papiro nada imponentes, conseguiram computar quase todas as quinhentas palavras. Elas estavam em testamentos, relatórios oficiais, cartas de maridos viajando a negócios para a mulher em casa, uma mensagem de um homem que se tornara soldado e escreveu aos pais, outra carta em que um pai fazia advertência aos filhos que estavam longe de casa, petições, contas, listas de compras, notas e recibos — o tipo de notícia que não se encontra encadernada em livros nem catalogada em uma biblioteca. Tratava-se de um tipo de escrita que, depois de alcançar o seu objetivo, era jogada fora. Eruditos e tradutores que trabalhavam na Bíblia não faziam ideia de que aquela linguagem estava ali pela simples razão de nunca ter se aproximado de uma biblioteca — aqueles escritos casuais, "não literários", tinham sido todos enterrados nos depósitos de lixo. Todas aquelas palavras especiais que não ocorriam em qualquer outro lugar nos registros escritos, aquelas palavras do "Espírito Santo", estavam sepultadas em um lixão da cidade, preservadas sob a areia do Egito. Eram todas palavras usadas nas ruas, expressões espontâneas, não estudadas, saídas das imediações do lugar de trabalho e da cozinha.

Os eruditos que, a partir dali, se encarregaram de examinar aqueles fragmentos de papel despretensiosos viriam a reorientar completamente as pressuposições dos tradutores bíblicos. Um jovem professor alemão,

---

[4] James Hope Moulton, *A Grammar of New Testament Greek*, 4 vols., 3ª ed. (Edimburgo: T & T Clark, 1908), vol. 1 (*Prolegomena*), p. 3.

Adolf Deissman, foi o pioneiro nessa tarefa. Ele avaliou cuidadosamente cada nova palavra, estudou o seu contexto e trabalhou para compreender e apreciar o tipo de linguagem que Deus usa ao tornar-se conhecido entre nós.[5] Foi seguido pelo grande especialista em inglês e grego James Hope Moulton, que imediatamente começou a reescrever a gramática definitiva do Novo Testamento grego, usando a nova evidência dos fragmentos de papel, os "papiros". Ao resumir o impacto de seu trabalho, ele escreveu:

> Os escritores do Novo Testamento praticamente não tinham ideia de que estavam fazendo literatura [caso contrário, teriam escrito em grego literário]. O Espírito Santo falou na linguagem do povo, como certamente poderíamos esperar que fizesse [...] A própria gramática e o dicionário conspiram contra os homens que permitiriam que as Escrituras aparecessem em qualquer outra forma além da "compreendida pelo povo".[6]

Meio século mais tarde, o professor C. F. D. Moule apresentou sua avaliação: "A chegada dos fragmentos de papiro do Egito sobre as mesas dos filólogos marca uma nova área no estudo do Novo Testamento grego".[7]

Uma geração antes dessas descobertas — que revolucionaram completamente a tradução bíblica —, o bispo Lightfoot, um dos mais criteriosos acadêmicos ingleses do Novo Testamento, num momento de lucidez durante uma palestra, afirmou: "Se pudéssemos recuperar cartas que pessoas comuns escreveram umas às outras sem qualquer intenção de fazer literatura, teríamos uma imensa ajuda para compreender a linguagem do Novo Testamento em termos gerais".[8] Tais cartas acabaram sendo descobertas — e como foram úteis!

É difícil medir a diferença que isso fez na tradução e na leitura da Bíblia. Ao olhar para trás, não deveria ter surpreendido tanto o fato de essa ser a linguagem usada na Bíblia, pois esse é exatamente o tipo de sociedade que sabemos que Jesus buscou e amou, o mundo de crianças e homens e mulheres à margem da sociedade, a classe trabalhadora de fala

---

[5] Ele conta a história em detalhes fascinantes na obra *Light from the Ancient East*, trad. Lionel Strachan, 4ª ed. (Nova York: George H. Doran, 1927; 1ª ed., 1910).
[6] Moulton, *Grammar*, p. 5.
[7] C. F. D. Moule, *An Idiom-Book of New Testament Greek* (Cambridge University Press, 1959), p. 3.
[8] Citado por Moulton, *Grammar*, p. 242.

rude, o mundo dos pobres, destituídos e explorados. Mesmo assim, foi uma surpresa constatar que nossas Bíblias não chegaram na linguagem educada e polida dos eruditos, historiadores, filósofos e teólogos, mas na linguagem comum dos pescadores e das prostitutas, das donas de casa e dos carpinteiros. Não toda, é verdade. F. F. Bruce adverte contra o perigo de se exagerar na extensão em que o grego vernacular é aplicado indiscriminadamente no Novo Testamento grego. Ele contém grandes diferenças de estilo, variando de verdadeiras obras literárias (Hebreus e 1Pedro) à conversação vernacular de pessoas comuns (os Evangelhos), e Paulo ficando entre uma e outra.[9] Agora que tudo está exposto diante de nós, isso faz todo o sentido. É claro que as testemunhas da revelação de Deus usariam a linguagem que nos fosse mais acessível. O professor Moulton tinha razão: "O Espírito Santo falou na linguagem do povo, como certamente poderíamos esperar que fizesse".

* * *

Dois exemplos significativos. Um adjetivo aparece na Oração do Senhor, a palavra geralmente traduzida por "cada dia", para a qual não há precedente no grego clássico (Mt 6.11; Lc 11.3). Seria difícil encontrar um exemplo mais surpreendente de uma palavra do "Espírito Santo": "Dá-nos hoje o nosso pão de *cada dia*" — em grego, *epiousion*. Por qual tipo de pão deveríamos, então, orar?

Um comentarista do Sermão do Monte considera a quarta petição da Oração do Senhor como o seu problema mais famoso: "A mais controversa e difícil das petições".[10] Muita coisa depende da tradução adequada de *ton arton ton epiousion*, que é geralmente (e apropriadamente) traduzida como "pão de cada dia".

Por que, então, esse pedido é um problema? Porque, se errarmos nele, toda a oração fica arruinada ou, na melhor das hipóteses, deturpada. Trata-se da única petição que aborda a questão material. A oração contém seis petições: as três primeiras clamam pela ajuda de Deus e por sua obra — sua santidade, sua vontade, seu reino; a tríade seguinte é orientada para

---

[9] F. F. Bruce, *The Books and the Parchments* (Londres: Marshall Pickering, 1991), p. 55.
[10] Dale C. Allison, *The Sermon on the Mount: Inspiring the Moral Imagination* (Nova York: Crossroad, 1999), p. 125.

as necessidades humanas — alimento, perdão e livramento. O par de tríades está ligado pela frase "na terra como no céu", o que significa que a oração tem sua origem no céu, na terra natal de Deus, por assim dizer, mas a ação tem lugar na terra — nossa terra natal. A oração que não está firmemente presa "à terra" não é a oração que o nosso Senhor nos ensinou.

A petição que vem imediatamente depois da fórmula "na terra" é a que se faz pelo pão, como se a intenção fosse a de sublinhar o aspecto terreno de toda a oração. O pão é o mais singular entre os seis itens apresentados em petição, no sentido de ser o único inevitavelmente físico, material, algo que podemos tocar e provar, que entra em nossas funções corporais. Todos os outros — a santidade, a vontade e o reino de Deus, o perdão por nossos pecados e o livramento do mal — são "espirituais", e não estão sujeitos ao exame de laboratório. São, por isso, também vulneráveis à "espiritualização", à compreensão e à interpretação sobrenatural.

Mas não o pão. Estamos fisicamente envolvidos com o pão, seja na sua fabricação, na aquisição ou no ato de comê-lo. Não podemos ir ao mercado e comprar a santidade, a vontade ou o reino de Deus, ou nosso perdão e livramento. Mas podemos comprar pão. Não podemos amassar e assar, passar manteiga e comer a santidade, a vontade e o reino de Deus, assim como não podemos fazer isso com o perdão por nossos pecados e o livramento do mal. Mas é possível fazer isso com o pão. Ele resiste obstinadamente à espiritualização. Não se pode espiritualizar o pão.

Ou será que podemos?

A maior parte dos leitores de Mateus e Lucas, quando chegam à quarta petição, embora não saibam o significado exato de *epiousion*, leem essa palavra no sentido simples: pão *cotidiano*, pão *para o dia*, suficiente para comer. Mas um número considerável de homens e mulheres, em geral do grupo de acadêmicos e teólogos bíblicos, não lê dessa forma. Por não poder ser definido pelo dicionário ou outro uso, *epiousion* parecia oferecer um convite aberto para reinterpretar o pão comum como algo muito diferente, algum tipo de pão "espiritual". *Epiousion*, afinal de contas, era uma das "palavras bíblicas". Pelo fato de ocorrer exatamente no meio da Oração do Senhor, ela devia, como se supunha, ter um significado "espiritual" mais profundo, coerente com (e talvez até excedendo) a espiritualidade das outras cinco petições, um significado do "Espírito Santo".

A palavra singular provou ser irresistível à reinterpretação por eruditos piedosos, e eles passaram a trabalhar nela quase imediatamente com grande interesse, "espiritualizando" o pão de várias formas. Encontramos casos já no século 2 d.C. Era comum na igreja primitiva omitir completamente a petição como um pedido de pão verdadeiro. Deveria ser algo muito especial para ter um adjetivo assim exclusivo. Alguns sugeriram o Pão da Vida; outros, a Ceia do Senhor (a Eucaristia), o maná milagroso, o banquete messiânico. Lancelot Andrewes, líder dos tradutores da King James, aproveitando uma pista fornecida em Salmos 78.25, sugeriu "comida dos anjos". Orígenes, um erudito e teólogo de imenso conhecimento, escrevendo em Alexandria no século 3, apresentou a sugestão mais "espiritual" de todas: *pão supersubstancial*. Orígenes era, porém, um homem que não se sentia à vontade com o próprio corpo; a fim de manter a mente concentrada nas coisas de Deus, ele se fez castrar. Em sua homilia *Sobre a oração*, sua exposição da Oração do Senhor, ele não mediu esforços, primeiro comentando a ausência da palavra *epiousion* ("diariamente") em qualquer escrito grego que conhecesse, e depois especulando sobre qual poderia ser o significado absolutamente especial do termo. Não parecia possível a alguém com a mentalidade de Orígenes imaginar que Jesus nos ensinaria a orar por um pão de centeio integral feito de farinha e fermento e assado em um forno. Ele deveria ter se referido a um pão superior ao pão comum. Orígenes é direto e enfático: "O pão pelo qual devemos pedir é espiritual [...] 'o pão vivo que desce do céu'".[11]

Mil e setecentos anos depois de Orígenes, Albert Debrunner, professor da Universidade de Berna, estava examinando alguns dos fragmentos de Oxirrinco na mesa de sua biblioteca e descobriu exatamente a palavra *epiousion* em um livro antigo de administração caseira, uma lista de compras que também incluía grão-de-bico e palha.[12] Em 1914, onze anos antes de Debrunner publicar suas descobertas, Adolf Deissmann, sem evidência específica, havia especulado que *epiousion* "tinha a aparência de uma palavra originária do comércio e do trânsito da vida diária do povo".[13] Com o fragmento de papel de Oxirrinco à sua frente, Debrunner concordou com ele.

---

[11] *Origen: On Prayer*, trad. Rowan A. Greer (Nova York: Paulist, 1979), p. 141.
[12] Werner Foerster, em *Theological Dictionary of the New Testament*, org. G. Kittel, trad. G. W. Bromiley (Grand Rapids, MI: Eerdmans, 1964), vol. 2, p. 591.
[13] Deissmann, *Light from the Ancient East*, p. 78.

E as coisas devem ter sido assim: talvez no exato momento em que Jesus estava em um monte da Galileia ensinando seus discípulos a orar pelo pão diário (*arton epiousion* ou seu equivalente em aramaico), uma mãe no Egito preparava uma lista de compras para o filho adolescente levar ao mercado, enfatizando que o pão devia ser fresco, o pão de hoje. "Não deixe o padeiro vender qualquer pão amanhecido, de ontem. Verifique se é pão fresco (*epiousion*)!"

Olhando para trás, podemos reconstruir esse cenário: Orígenes, celebrado até hoje como um dos mais instruídos de todos os eruditos bíblicos de toda a igreja, escreveu a sua interpretação do quarto pedido da Oração do Senhor, reunindo página após página de evidências (nove páginas e meia, em minha tradução para o inglês), demonstrando ser inconcebível que Jesus tenha nos ensinado a orar por algo que sugerisse remotamente o pão que torramos, no qual passamos manteiga e comemos no café da manhã. Durante todo esse tempo em que ele passou sentado à mesa, escrevendo, de forma dedicada e acadêmica, a palavra que se esforçava tanto para tornar imaterial, ela se achava enterrada 32 quilômetros ao sul naquele depósito de lixo da aldeia na faixa oeste do rio Nilo. Ali estava ele, o adjetivo despretensioso, esperando em silêncio para se apresentar e insistir no tantas vezes negligenciado óbvio: que o pão, recém-assado, com seu aroma de fermento, o pão fresco e de crosta macia, é a principal petição da Oração do Senhor, essencial para ser mantido "na terra e no céu" como o firme fundamento para nossa obediência ao seguir Jesus em espírito de oração.

Hans Dieter Betz, em seu magistral comentário sobre o Sermão do Monte, depois de examinar exaustivamente essas tentativas de espiritualizar o pão pelo qual Jesus ordenou que orássemos, não aceita a opinião geral, apesar da autoridade de Orígenes e sua considerável prole. Esta é a conclusão de Betz: "Não há praticamente nenhuma dúvida de que [Jesus] se refere ao pão real, e não ao simplesmente 'espiritual'".[14]

* * *

Outro exemplo. Quase no fim de 1Pedro, encontramos uma referência a Jesus como o "Supremo Pastor" de nossa alma (5.4). "Supremo Pastor" era uma das quinhentas "palavras bíblicas" sem qualquer ocorrência

---

[14] Hans Dieter Betz, *The Sermon on the Mount* (Minneapolis: Fortress, 1995), p. 399.

conhecida no uso secular, cujo termo parecia recém-cunhado por Pedro especialmente para se referir a Jesus. Afinal de contas, o Filho de Deus falava a respeito de si como o bom pastor (Jo 10.11). O que poderia ser mais adequado para Pedro do que elevar o "bom" para um nível mais elevado, "supremo"? O termo "Supremo Pastor" é uma palavra composta, uma combinação de *archē*, "principal", e *poimēn*, "pastor", produzindo *archipoimēn*, supremo pastor. Faz todo o sentido no contexto da carta de Pedro ler esse termo como um título de exaltação a Jesus, o Supremo Pastor, o Pastor de todos os pastores, um superlativo equivalente a "Rei dos reis e Senhor dos senhores" (Ap 19.16). E assim, a palavra foi encontrada em um depósito de lixo egípcio, escrita dessa vez em um pedaço de madeira pendurado no pescoço de uma múmia, uma espécie de placa de identificação do cadáver, e não em um fragmento de papel. Havia um erro gramatical no rótulo, evidência de ter sido escrito apressadamente por alguém sem grande instrução. Sua presença em um depósito de lixo deixava claro que a família e os amigos não podiam pagar um sepultamento decente — um grande contraste com as tumbas opulentas nas pirâmides pelas quais o Egito é tão famoso! Não, aquele era um camponês egípcio que fora supervisor de dois ou três outros pastores, um *archipoimēn*, que provavelmente designaríamos como chefe ou, no máximo, capataz de sua equipe.[15]

Ao invés de exaltar Jesus acima do rebanho comum, Pedro usou um termo que o colocou na companhia dos trabalhadores camponeses e sepultamentos baratos. O que mais poderíamos esperar, conhecendo a propensão de Jesus para se associar com os "mais pobres de todos" e sua identificação com os desprezados e os fracos?

* * *

As descobertas feitas em Oxirrinco e outros sítios arqueológicos egípcios são evidência irrefutável de que a linguagem do Novo Testamento é, principalmente, o dialeto das ruas (embora não inteiramente, como observado anteriormente). Por que isso surpreenderia alguém? Entretanto, é isso que invariavelmente acontece. Quando Agostinho leu a Bíblia pela primeira vez, ficou grandemente decepcionado. Peter Brown explica:

[15] Deissman, *Light from the Ancient East*, p. 100.

Sua educação o fez alimentar a expectativa de que os livros fossem sempre cultos e polidos. Havia sido moldado desde pequeno para se comunicar com homens instruídos da única maneira admissível, em um latim meticulosamente baseado nos autores antigos. Gíria e jargão eram abomináveis para tais homens; e a Bíblia Latina da África, traduzida alguns séculos antes por escritores humildes, anônimos, estava repleta de ambos. Mais ainda: o que Agostinho lia na Bíblia parecia estar longe da Sabedoria altamente espiritual que Cícero lhe ensinara a amar. Estava cheia de histórias terrenas e imorais do Antigo Testamento, e mesmo no Novo Testamento, Cristo, a própria Sabedoria, era apresentado por meio de longas e contraditórias genealogias.[16]

Só depois de sua conversão é que ele compreendeu que a linguagem da Palavra de Deus não era algo rebuscado, introduzido por filósofos e poetas em seus discursos sobre as "coisas mais elevadas", mas a linguagem por meio da qual o Espírito Santo se dirigia a homens e mulheres em meio às dificuldades da vida diária.

Assim como Agostinho, geralmente supomos, de modo afobado, que a linguagem usada para tratar de um Deus santo e de coisas santas deveria ser imponente, elevada e cerimoniosa. Essa é, porém, uma suposição que não resiste ao escrutínio de um olhar na direção de Jesus — sua preferência por histórias simples e sua associação com pessoas comuns, seu nascimento em um estábulo e sua morte na cruz. Jesus é a descida de Deus à nossa vida exatamente como somos e na vizinhança em que vivemos, e não a subida de nossa vida a Deus, de quem esperamos aprovação quando se der conta de como nos esforçamos e quão rebuscadas são as nossas orações.

* * *

Vamos agora para Ugarite, na Síria. Oxirrinco foi uma imersão na linguagem bíblica, uma linguagem de rua que ninguém no primeiro século teria sonhado usar ao escrever qualquer coisa séria — o mesmo tipo de linguagem que empregamos quando estamos exasperados com nossos filhos ou comprando um carro usado. As descobertas feitas nas escavações de Ugarite tiveram um impacto diferente. Ugarite ofereceu uma imersão

---

[16] Peter Brown, *Augustine of Hippo* (Berkeley: University of California Press, 1969), p. 42. [No Brasil, *Santo Agostinho: Uma biografia*, Rio de Janeiro: Record, 2006.]

na cultura em que a fé bíblica se formou. E que cultura foi aquela! A Terra Prometida à qual Deus guiou nossos pais e mães era famosa por "manar leite e mel". No entanto, como mostra a evidência ugarítica, ela também jorrava violência, sexo e magia.

Trinta anos depois de as cestas de lixo serem desenterradas e examinadas no Egito, um fazendeiro sírio, trabalhando em seu campo, encontrou uma tumba. A tumba acabou sendo a ponta de um iceberg, o reino antigo de Ugarite, sepultado debaixo de três mil anos de areia síria. No espaço de um ou dois anos, uma equipe de arqueólogos franceses havia reunido milhares de tábuas de argila cozida no forno, inscritas em um alfabeto cuneiforme desconhecido e em um idioma igualmente ignorado. Não demorou para que tanto a escrita quanto a linguagem fossem decifradas. O idioma revelou-se bastante parecido com o hebraico bíblico. As tábuas de barro forneciam um relato detalhado da cultura encontrada pelos hebreus, na qual mergulharam ao chegar a Canaã depois de seu longo período de escravidão no Egito. Um dos homens que decifrou o alfabeto e a linguagem de Ugarite aprendera sua profissão nos anos que passara descobrindo códigos secretos do inimigo durante a Primeira Guerra Mundial, uma justaposição interessante entre o cenário antigo e o contemporâneo!

À medida que cada tábua era traduzida, um mundo inteiro se descortinava aos poucos — o mundo em que os hebreus habitaram ao entrar na "Terra Prometida". Israel era, na época, um povo ainda em formação. Em diversos aspectos importantes, eles não se "enquadravam" na cultura e na política de Canaã, região formada por cidades-estado, cada uma governada pelo próprio rei. Israel era frouxamente organizado em tribos, cada uma com tradição e identidade próprias. Quando necessário, um "juiz" surgia para cuidar de qualquer crise enfrentada pelo povo na ocasião. Pouco organizados como eram, não se davam muito bem uns com os outros. Continuavam sendo um povo divino embrionário, em formação como povo de Deus. Mas Canaã e a cultura cananeia eram agora o lar de Israel, e continuariam sendo durante centenas de anos.

Antes da descoberta do reino de Ugarite e de sua enorme biblioteca, conhecíamos Canaã (o país em que Israel vivia, adorava, cria e se rebelava, cantava canções e pregava sermões) apenas externamente, isto é, pelo que podíamos aprender de alusões e referências constantes na Bíblia hebraica. Em sua maior parte, as Escrituras de Israel retratavam a cultura cananeia como inimiga: hostil, pagã e uma poderosa e inexorável fonte de tentação para afastá-los da vida de salvação e fé e levá-los a se "prostituir" (o verbo rude, mas direto usado pelos profetas hebreus) diante dos "outros deuses" de Canaã — dos quais, como acontecia de fato, eles dispunham de grande quantidade e variedade para escolher.

Nada dessa informação cultural era absolutamente nova. Durante duzentos anos, nossos especialistas vinham aprendendo muito sobre o mundo em que a história bíblica foi formada quando as línguas, as religiões e a política da Mesopotâmia e do Egito vieram à luz. Sabemos a origem dos hebreus e muita coisa sobre as culturas que os rodeavam. No entanto, não tínhamos conhecimento de seus vizinhos mais chegados, o povo mais próximo deles, enquanto estavam sendo formados como povo de Deus. Ugarite forneceu essa informação, aguçando nossa compreensão e admiração de como Israel conseguiu sobreviver e manter sua identidade "dentro, mas sem pertencer" à cultura de Canaã.[17]

* * *

Duas coisas derivadas das explorações de Ugarite são de particular interesse em termos de tradução da Bíblia. Uma é que Israel compartilhou o idioma e a cultura de Canaã sem ser vencido pelos cananeus. A outra é que, embora usassem formas literárias similares, o conteúdo era radicalmente diverso: Israel escreveu fielmente as histórias das famílias de seus ancestrais, em contraste com os cananeus, que inventavam mitos fantasiosos sobre deuses.

Em termos de cultura e linguagem, Israel usou o idioma de Canaã, escreveu sua poesia no estilo e nos ritmos de Canaã, usou o jargão religioso de Canaã. No entanto, tomou a cultura de Canaã e a empregou para fazer algo distinto e peculiar — ou seja, a cultura de Israel não chega até nós em estado puro, isenta da contaminação exercida pelo paganismo de Canaã, voltado para o sexo e a religião. A revelação bíblica e a vida de salvação não se desenvolveram isoladas de seus vizinhos cananeus.

Por exemplo, *El*, o termo cananeu regular para deus, era também um termo largamente usado pelos hebreus. Entre os cananeus, *El* era o deus maior, o pai dos deuses, que gerou com sua mulher Aserá uma vasta prole

---

[17] Ver G. Ernest Wright, *The Old Testament Against its Environment* (Chicago: Alec R. Allenson, 1950).

de deuses e deusas. Os hebreus não pareciam constrangidos por compartilhar a palavra com seus vizinhos, embora corrupta. Da mesma forma, havia frases pitorescas que os cananeus usavam em relação aos seus deuses que os hebreus encontraram em antigos mitos e passaram a empregar livremente nas orações ao seu Deus: "aquele que cavalga sobre as nuvens" (Sl 68.4); "quebraste as cabeças das serpentes das águas. Esmagaste as cabeças do Leviatã" (Sl 74.13-14). O Salmo 29 e outras expressões mostram paralelos próximos, em termos de terminologia, aos poemas cananeus descobertos em Ugarite. Ainda mais significativo do que apropriar-se das palavras e frases para Deus talvez seja o fato de Israel também se apossar das formas ugaríticas de poesia. Grande parte da Bíblia hebraica é escrita como poesia, e os hebreus eram poetas magníficos. À medida que as tábuas cuneiformes traduzidas se acumularam, ficou claro que os hebreus haviam aprendido muito de sua arte poética com os vizinhos cananeus. Uma das glórias da Bíblia hebraica, suas formas e ritmos poéticos habilmente empregados para a glória de Deus, parece ter sido assimilada dos cananeus pagãos.

Enquanto os hebreus se sentiam, em certo sentido, perfeitamente à vontade na cultura cananeia, dispostos e capazes de usar a língua e se adaptar às suas formas, eles também estavam calejados em termos de discernimento. Sabiam rejeitar a cultura quando necessário. Isso fica bem claro quando compreendemos que, dentro de uma cultura que adorava muitos deuses, Israel era ardentemente leal a um só Deus, representado em todo o Antigo Testamento como um Deus "zeloso". A proibição: "Não farás para ti imagem de escultura" (Êx 20.4, ARA) era absolutamente única naquele mundo — não havia nada parecido em todo o Oriente Próximo da antiguidade. Os cananeus tinham uma indústria, um sistema de linha de montagem para imagens de deuses, mas nem uma figura sequer de uma divindade do sexo masculino foi até hoje encontrada nos escombros de qualquer cidade israelita. Por outro lado, um grande número de estatuetas de deusas-mães foi encontrado em cada escavação de casas israelitas, indicando que, em um âmbito popular, era comum beirar o politeísmo. George Ernest Wright sugere a hipótese de que o povo mantivesse as estatuetas femininas em suas casas "não tanto por motivos teológicos, mas por motivos mágicos, usando-as como talismãs da sorte",[18] assim como um pé de coelho ou uma medalhinha aparece casualmente entre nós sem

---

[18] George Ernest Wright, *Biblical Archaeology* (Philadelphia: Westminster, 1957), p. 117.

qualquer ideia de estarmos violando o segundo mandamento. É significativo o fato de que, em uma cultura saturada de deusas, os hebreus não tivessem uma palavra para "deusa", embora seus vizinhos tivessem a máxima consideração pelas divindades femininas. No que se referia a Israel, nada havia em relação a elas, nem sequer uma palavra!

Além do mais, havia uma forte resistência contra todas as práticas mágicas. Canaã era repleta de mágicas, tecnologias destinadas a manipular os deuses e deusas para concederem favores. Israel era inflexível em sua rejeição a qualquer coisa que sequer sugerisse tecnologia religiosa mágica; Deus não está a nosso serviço, somos nós que estamos a serviço de Deus. O mandamento mosaico de não ferver um cabrito no leite da mãe (Êx 23.19; 34.26), colocado na página completamente sem contexto, tem intrigado grandemente os leitores bíblicos. O judaísmo fez, mais tarde, o máximo possível para levar este texto em consideração, preparando um sistema *kosher* de regime que insistia na estrita separação entre laticínios e carnes. É, porém, possível (mas, de modo algum, garantido) que o texto possa ser resultado de uma rejeição brusca de tudo o que envolvesse a prática da magia. Uma tábua cuneiforme ugarítica que trata de um feitiço lançado por meio do leite pode indicar que a proibição mosaica ordena em essência: "Fiquem longe de todos os feitiços e rituais mágicos dos cananeus! Seu dever é adorar a Deus, e não enganá-lo!".[19]

* * *

E histórias. O outro aspecto das descobertas ugaríticas que iluminam a maneira como traduzimos e lemos as nossas Escrituras tem a ver com a inclinação cananeia para a fabricação de mitos. Um mito, em contraste com uma história, é isolado da história e não tem raízes no mundo em que vivemos; é uma lenda sobre os deuses em cenários que não nos incluem. Somos espectadores, na melhor das hipóteses — os deuses operam em um mundo próprio. Toda a atividade real tem lugar entre deuses e deusas. Sucede, então, que a maior parte da ação esteja ligada a conflitos e sexo. Violência e sexo mantêm as coisas em movimento. Os mitos de Canaã não são diferentes nesse ponto; o que é novo para nós é a compreensão de que

---

[19] Ver Gerhard von Rad, *Old Testament Theology*, vol. 1 (Nova York: Harper and Brothers, 1962), p. 27.

esses mitos são a arma dos vizinhos de Israel, o povo que morava do outro lado da rua, os mercadores com quem pechinchavam nos mercados. A religião cananeia era toda baseada nos deuses e suas aventuras. Se a pessoa desejasse se integrar nessa religião, teria de se envolver em manipulações mágicas — impessoais, não relacionais, tecnologias religiosas aquisitivas. Enquanto os vizinhos cananeus estavam elaborando seus maravilhosos mitos de deuses do céu, deuses do trovão, deuses e deusas da fertilidade em algum lugar remoto ao norte, Israel contava as histórias de seus ancestrais, cujos nomes conheciam e em cujas terras viviam, ancestrais que ouviam e compreendiam a Deus, presente e pessoal para eles na vida diária. Deus estava presente e atuante entre eles. Eles aprendiam a lidar com Deus na história local e ancestral, e não em mundos míticos lendários. Suas narrativas tinham raízes na história da família de seus pais e avós; por conseguinte, eles estavam incluídos nessa história.

Os mitos são um meio de criar um mundo imaginário no qual se pode visualizar os deuses, colocá-los no palco e vê-los em ação. Em seguida, empregam-se rituais mágicos e encantamentos, tentando fazê-los trabalhar para o homem. Tudo está muito claro; não há mistério. Nem há qualquer relacionamento pessoal — os deuses não se importam nem um pouco conosco; nosso único recurso é suborná-los ou manipulá-los de uma forma ou de outra. Você pode saber o nome dos deuses e deusas, mas eles não sabem o seu. As histórias, por sua vez, são restritas, respeitando a reclusão e o silêncio de Deus, permitindo que ele trabalhe e aja a seu próprio modo, respeitando o mistério essencial de sua existência e confiando em sua bondade e providência em nossa vida.

* * *

Baal é o deus mais pitoresco na mitologia cananeia e o mais mencionado em textos impressos.[20] A maior parte da ação inclui sangue e destruição. Em uma cena, Baal luta contra dois deuses rivais, o Sr. Mar (Yamm) e o Sr. Rio (Nahar). O Sr. Habilidade (Kothar), o deus que faz coisas, leva a Baal dois bastões mágicos, o Perseguidor (Yagrysg) e o Condutor (Ayamur),

---

[20] Ver James B. Pritchard, *Ancient Near Eastern Texts* (Princeton, NJ: Princeton University Press, 1955), p. 129-142, e Theodor H. Gaster, *Thespis: Ritual, Myth and Drama in the Ancient Near East* (Garden City, NY: Anchor, 1961), p. 153-244.

para ajudá-lo. Durante a briga, o Perseguidor se mostra ineficaz; Mar e Rio são bastante maltratados, mas não exterminados. A seguir, Baal agarra o Condutor, o segundo bastão; a mágico faz o serviço, e os rivais são vencidos. Quando Baal está prestes a acabar com os dois, a deusa-mãe Aserá (talvez a mãe ou avó de Baal) interfere e o impede: "O que você pensa que está fazendo? Não pode matar deuses! Não tem bom senso?".

Os deuses são como escolares brigando no recreio. E então a diretora da escola, uma mulher forte e severa, interrompe a confusão, agarra-os pelas orelhas e os arrasta para a diretoria.

Um mito semelhante retrata a mulher de Baal, Anate, em uma ocasião em que ela parte em busca de vingança contra os companheiros de crime do grande rival de Baal, o Sr. Morte (Mot). O massacre tem lugar em uma grande área no litoral e dura até a hora do nascer do sol. Cabeças rolam como bolas de futebol pelo chão. Mãos amputadas voam e enchem o ar como um enxame de gafanhotos. Anate amarra as cabeças entre os seios e ao redor deles, põe as mãos na cintura e caminha pela carnificina que ela promoveu, mergulhada até os quadris no sangue coagulado. A seguir, como se tudo isso não bastasse — os seios dela resplandecem com as cabeças arrancadas, e os quadris estão enfeitados com as mãos ensanguentadas —, ela enche um templo com homens, fecha as portas e os ataca, atirando neles cadeiras, mesas e banquinhos. Não demora muito e a poça de sangue já alcança os joelhos de Anate — ou melhor, chega até o pescoço! "Seu fígado inchado de risos; seu coração repleto de alegria." Ao terminar a matança, ela se torna novamente feminina. Pega uma bacia de água e se lava no "orvalho do céu", embeleza-se com cosméticos — rímel e ruge —, unge o corpo com perfume dispendioso. Que senhora fina! Ela era, afinal de contas, a deusa do amor e da guerra. Os egípcios, os redatores mais pornográficos do Oriente Médio, aprimoraram a lenda básica retratando Anate provocadoramente nua, montada sobre um cavalo, brandindo escudo e lança.

Há muitos outros mitos do mesmo tipo. Esses são os mitos que formaram e encheram a imaginação cananeia, variando do tolo ao sórdido nos canais pornográficos estatais da televisão ugarítica.

* * *

Enquanto isso, morando no mesmo ambiente, compartilhando cultura e linguagem idênticas, os hebreus estavam contando histórias, uma forma narrativa muito distante do mito. Só os seres humanos fazem história, e todas as histórias dos hebreus eram locais, histórias familiares. A história de Abraão, Sara e os três estranhos é emblemática (Gn 18.1-15).

Certo dia, quando três estranhos se apresentam em sua tenda, Abraão os recebe e oferece hospitalidade. Sara faz pão fresco. Abraão apressa-se em buscar um novilho e ordena ao servo que o prepare. Quando tudo está preparado, ele coloca leite e coalhada para os hóspedes e fica em pé perto deles, enquanto comem a lauta refeição sob a sombra dos carvalhos. Surge, então, uma conversa. Os homens perguntam a Abraão: "Onde está Sara, sua mulher?". Abraão responde: "Ali na tenda". Um dos hóspedes declara: "Voltarei dentro de um ano e, nessa época, Sara terá um filho". Sara espia, escondida atrás da aba da tenda. Ao ouvir isso, ela não consegue se conter e ri. Sara é idosa, tem oitenta anos; seu marido é velho, já fez cem anos. Trata-se, certamente, de uma brincadeira. Sara dá risada. O contador da história, sem chamar atenção para o que está fazendo, identifica um dos hóspedes como sendo Deus, "o Senhor". Deus contraria as palavras de Sara com uma afirmação severa: "Existe alguma coisa impossível para o Senhor?".

Onde os hebreus aprenderam a contar histórias de Deus como essa — concisa, moderada, em um contexto comum e cotidiano? Não foi, naturalmente, com vizinhos com os quais compartilhassem alguma cultura. Nessa história, Deus entra de maneira anônima na vida de Abraão e Sara. O cenário, o carvalhal de Manre, é simples. A ação tem como base a hospitalidade costumeira do deserto. A conversa não possui enfeites. É direta. A nosso ver, Sara teve razão para rir da declaração de um dos homens — mais tarde identificado, sem alarde, como Deus. O que Deus diz, sem quaisquer floreios retóricos, está ligado à vida comum — concepção, gravidez, nascimento. A "impossibilidade" relacionada ao que fora dito termina por ser absorvida no caráter cotidiano dos acontecimentos. O método de Israel de contar histórias sobre Deus não era escrever sobre Deus como tal, mas sobre Deus presente, muitas vezes sem ser notado, frequentemente anônimo, entre homens e mulheres reais localizados no tempo e no espaço, no contexto de seus ancestrais e nas cidades, vales e montanhas em que todos haviam crescido.

Há várias outras histórias do mesmo tipo. Essas são as que formaram a imaginação de Israel — discretas, comuns, o sobrenatural camuflado no natural, a presença de Deus revelada nos lugares e entre as pessoas envolvidas em nossa vida cotidiana. O texto bíblico inteiro contrasta fortemente com os mitos de Ugarite — mas também com a mistura de psicologia religiosa, autodesenvolvimento, experimentação mística e diletantismo devocional que constitui a base textual para tantas religiões contemporâneas.

* * *

Muitas pessoas preferem que suas Bíblias sejam traduzidas na mais fina prosa e poesia. Isso faz sentido: a linguagem que trata com um Deus santo, ideias santas e coisas santas deve ser elevada, majestosa e cerimonial. Elas querem manter a linguagem da Bíblia refinada e, na medida do possível, isolada de uma associação com o mundo pecador. Desejam também vê-la impressa em papel de alta qualidade e encadernada elegantemente em couro. É razoável. A cultura em que Deus opera exige proteção contra esse mundo ruidoso, poluidor. A Bíblia deve refletir uma cultura de reverência e majestade.

O Espírito Santo, porém, não quer isso. A inspiração chega em uma linguagem rude, terrena, que revela a presença de Deus e seus atos onde menos esperamos, cativando-nos quando estamos mergulhados até os cotovelos na mediocridade maculada de nossa cultura (Ugarite!) e quando os pensamentos espirituais constituem o que há de mais distante de nossa mente (Oxirrinco!). Isso não significa que haja qualquer coisa irreverente ou frívola em nossas Escrituras. Da mesma forma, não quer dizer que não haja escritores esplêndidos em nossas Escrituras. Há um enorme sentimento de reverência e respeito nessa Bíblia. Há mistério em toda ela. O sagrado é penetrante. A cultura que a cerca, no entanto, é pagã e grande parte da linguagem vem das ruas.

O maior entre os primeiros tradutores da Bíblia para o inglês, William Tyndale (a primeira edição de seu Novo Testamento foi publicada em 1526), sabia disso, de alguma maneira, muito antes da descoberta dos papiros de Oxirrinco e das tábuas de Ugarite. Penso que ele sabia porque tinha uma noção de como o evangelho trabalhava; sabia que a linguagem da mensagem precisava estar de acordo com o caráter e o estilo de vida do Mensageiro. Tyndale comentou que estava fazendo a tradução de modo que "o rapaz que guiava o arado" pudesse ler as Escrituras. Sabia, por instinto evangélico, o que os papiros e as tábuas confirmaram quatrocentos anos mais tarde que (nas palavras de James Moulton): "Não só o tema das Escrituras é único, mas também os idiomas em que vieram a ser escritas ou traduzidas".[21] Tyndale não se referia a uma singularidade produzida por uma linguagem especial do "Espírito Santo", como antes se havia pensado, mas viu a linguagem das Escrituras como sendo singularmente coloquial, a linguagem do dia a dia. Martinho Lutero, contemporâneo de Tyndale e avô de todos os tradutores da Reforma (seu Novo Testamento foi publicado em 1522), era inflexível no que se referia à tradução do texto bíblico, dizendo: "É preciso sair e perguntar à mãe em sua casa, às crianças nas ruas, ao homem comum no mercado. Observe suas bocas se moverem quando falam e traduza desse modo. Eles irão então entender você e compreender que está falando alemão com eles".[22] O poder de sua tradução da Bíblia para o alemão surgiu tanto do que havia aprendido nas ruas como do trabalho que realizou na biblioteca. Por exemplo, para compreender os rituais de sacrifício na lei mosaica, ele fez o açougueiro da cidade cortar ovelhas para que pudesse estudar suas entranhas.[23]

* * *

Porém, apesar do pioneirismo e da renovação da linguagem nas traduções coloquiais de Lutero para o alemão e de Tyndale para o inglês, a tradução King James, com suas sonoridades suaves e majestosas — um inglês menos representativo do tipo de linguagem da Bíblia, oral e escrita —, continua, após quase quatrocentos anos, a ser a tradução mais utilizada no mundo de fala inglesa. A tradução King James usou o texto de Tyndale como base, aproveitando cerca de três quartos dele com praticamente nenhuma mudança essencial.[24] O que eles fizeram com esse texto plagiado correspondeu a uma violação, como se tivessem colocado floreios de retórica nas frases de Tyndale. Para usar minha expressão anterior, foi uma "profanação ascendente". De modo hábil e radical, mudaram o tom da linguagem, passando da rusticidade do rapaz do arado para a fala delicada da corte real. A maioria dos tradutores, afinal, fazia parte da "velha" rede

---

[21] Moulton, *Grammar*, vol. 3 (*Syntax*), p. 9.
[22] Citado em Nicolson, *God's Secretaries*, p. 185.
[23] Henry Zecher, "How One Man's Pen Changed the World", *Christianity Today* (2 de out. de 1983).
[24] Estatísticas atuais, baseadas em análises por computador, indicam 83% para o Novo Testamento e 76% para o Antigo Testamento. Ver David Daniell, *The Bible in English: Its History and Influence* (New Haven: Yale University Press, 2003), p. 448.

de relacionamentos do rei James, muitos deles bispos que tinham uma vida confortável e protegida entre a elite da época. Adam Nicolson, autor de um estudo completo dos tradutores da Bíblia King James e um entusiasmado admirador desse trabalho, explica também que

> a Bíblia King James [...] não é o inglês que você ouviria nas ruas, naquela ou em qualquer outra época. [...] Aqueles eruditos não estavam colocando a linguagem das Escrituras no inglês que eles conheciam e usavam em casa. As palavras da Bíblia King James equivalem tanto ao inglês falado como se fora um idioma estrangeiro quanto a um idioma estrangeiro traduzido para o inglês. Em outras palavras, era mais importante tornar sagrado o inglês do que colocar as palavras de Deus no estilo de prosa que qualquer inglês teria escrito. [...] Tyndale produzira uma tradução humana simples e clara para esbofetear a igreja medieval e sua elite protetora do poder. [...] [Ele estava] procurando uma proximidade e uma clareza nas Escrituras que removessem as grossas e pesadas camadas do escolasticismo medieval e séculos de poeira acumulada.[25]

Os 47 tradutores da King James, trabalhando nos suntuosos recintos das grandes universidades e na corte real, e confiando em grande parte na obra de Tyndale (trabalho que fizera sozinho, como exilado, perseguido pelo rei da Inglaterra 85 anos antes), praticamente desfizeram seu trabalho, mudando o seu estilo para a grandeza majestosa da versão King James. Tyndale colocou na linguagem bíblica o inglês de seus dias e traduziu: "O Senhor estava com José, que era um sujeito de sorte"; os tradutores da King James usaram a forma "ascendente": "e o Senhor estava com José, de modo que ele prosperou" (Gn 39.2). Os tradutores da King James publicaram uma versão da Bíblia que se tornou o clássico literário do mundo ocidental, mas com o prejuízo do rapaz do arado de Tyndale.

O fato de essa ser a Bíblia aceita por tantas pessoas no decorrer dos anos e ainda hoje (não se sabe se elas leem ou não) é uma grande ironia.[26]

---

[25] Adam Nicolson, *God's Secretaries*, p. 211-212.
[26] A igreja e o mundo tiveram de esperar quatrocentos anos por um tradutor que assumisse a paixão de Tyndale em colocar as Escrituras na linguagem do "rapaz do arado". James Moffatt, um pastor e professor escocês, baseado nos papiros então recém-descobertos, ofereceu a primeira tradução vernácula em inglês desde Tyndale (o Novo Testamento em 1913, a Bíblia inteira, em 1926).

***

As descobertas de Ugarite e Oxirrinco revelaram um mundo comum e uma linguagem comum que mergulha os leitores da Bíblia em uma atmosfera cotidiana. Seu efeito cumulativo é desarmar uma grande barricada que interfere em uma leitura pessoal e relacional das Escrituras. Esse obstáculo é uma linguagem religiosa, originária de lugares e rituais sagrados, composta de palavras sussurradas ou ditas em tons reverentes.

A surpresa em Oxirrinco tem a ver com a linguagem em que o Novo Testamento foi escrito — não se trata de uma linguagem do "Espírito Santo", mas da linguagem comum, das ruas, que o Espírito Santo usa para "dividir alma e espírito, juntas e medulas" (Hb 4.12).[27] Qualquer pessoa pode ler e compreender a Bíblia, se for traduzida no estilo de linguagem em que foi escrita. Não temos de ser inteligentes ou bem-educados a fim de compreendê-la melhor do que fizeram seus primeiros leitores. Ela é escrita na mesma linguagem que usamos ao fazer compras, praticar algum esporte ou pedir mais batatas à mesa do jantar. E exige tradução nessa mesma linguagem.

Em Ugarite a surpresa é cultural, a cultura em que nossos ancestrais hebreus, os filhos de Israel, viveram e morreram. Antes da descoberta de Ugarite, sabíamos pouca coisa sobre a cultura cananéia em que viveram nossos ancestrais hebreus. Por falta de informação, era fácil imaginar os hebreus, o povo salvo de Deus, deixando o Egito, sujeitos a uma vida de obediência e santidade nos quarenta anos de peregrinação pelo deserto, e depois entrando em Canaã armados e preparados para formar uma cultura santa para si. Não foi assim que aconteceu. Nem é isso que acontece agora.

As descobertas em Oxirrinco e Ugarite têm muito mais a ver com o tom da linguagem do que com a exatidão do texto, embora também diga respeito à precisão. Seu principal efeito é deter esse rastejante e "inocente" sacrilégio ascendente ao qual toda linguagem, mas especialmente a linguagem bíblica, é vulnerável, e que remove o texto bíblico de suas raízes, fincadas no solo do meio em que vivemos.

---

[27] Não é tudo linguagem das ruas, com toda a certeza. Hebreus, no Novo Testamento, é escrito em um grego elegante e refinado; Isaías, no Antigo Testamento, é escrito na mais primorosa poesia. Com várias outras exceções — mas apenas exceções —, nossas Escrituras são, na sua maior parte, escritas na linguagem do povo comum.

* * *

Talvez a característica mais forte de *A Mensagem* seja o fato de que seu texto é moldado pela mão de um pastor que trabalha. Durante a maior parte de minha vida adulta, recebi como responsabilidade principal levar a mensagem da Bíblia à vida dos homens e das mulheres com quem eu trabalhava. Fiz isso do púlpito, em estudos bíblicos nas casas e em retiros na montanha, em conversas nos hospitais e casas de repouso, tomando café na cozinha, passeando na praia. *A Mensagem* cresceu nesse solo de 35 anos de trabalho pastoral. Enquanto fazia isso, escolhendo palavras e frases, percebia muitas vezes o quanto esse período tão longo de vida como mensageiro da Palavra transparecia em meu texto. Minha tradução se dirigia aos santos e pecadores que tentavam encontrar seu caminho em meio à confusão e ao caos do mundo. Identifiquei-me com os primeiros pastores e leitores/ouvintes das Escrituras, cuja preocupação principal era viver na companhia da Trindade enquanto andavam pelas estradas lamacentas da Galileia e Judeia e navegavam pelo caos sexual de Corinto. A teologia como busca de um sentido coerente para a revelação de Deus em nossa vida vem depois. Eu realizava meu trabalho para aqueles que tinham consciência da urgência da vida aqui e agora — e para Deus. Minha tradução era "para que se leia facilmente" (Hb 2.2).

Enquanto me debruçava sobre essa tarefa, podia perceber que a Palavra de Deus, que deveria formar e transformar vidas humanas, de fato formava e transformava essas vidas. Plantada no solo da minha congregação e da comunidade, as sementes das palavras da Bíblia germinaram, cresceram e amadureceram. Quando chegou a hora de fazer o trabalho que hoje constitui *A Mensagem*, senti muitas vezes que estava andando em um pomar na época da colheita, apanhando maçãs, pêssegos e ameixas completamente desenvolvidos nos ramos carregados. Não há quase nenhuma página da Bíblia que eu não visse vivida, de algum modo, pelos homens e mulheres, santos e pecadores, a quem pastoreio; e então, ao olhar em volta, encontrasse isso confirmado em meu país e em minha cultura. Ou, para mudar a imagem, quando um zelo pelas Sagradas Escrituras e um zelo pela linguagem comum colidem, surgem faíscas. Algumas vezes as faíscas se tornam uma tradução. Isso aconteceu comigo.

Eu não comecei como pastor. Fui professor no início de minha vida vocacional, e durante muitos anos ensinei as línguas bíblicas (hebraico e grego) em um seminário teológico. Esperava passar o resto da vida como professor e erudito, ensinando, escrevendo e estudando. Mas foi então que a minha vida tomou um rumo vocacional diferente e tornei-me pastor em uma congregação. Meu lugar de trabalho mudou de uma sala de aula de santos e pecadores para uma congregação de santos e pecadores.

De repente, eu me vi em um mundo diferente. A primeira diferença que notei foi que ninguém parecia se importar muito com a mesma Bíblia sobre a qual eu anteriormente era pago para ensinar. Muitos com quem eu passei a trabalhar não sabiam praticamente nada sobre ela — não haviam lido e não estavam interessados em aprender. Muitos outros a liam havia anos, mas ficaram entediados com sua familiaridade e ela acabou reduzida a clichês esclerosados. Aborrecidos, deixaram-na de lado. Poucos deixaram de fazer isso. Poucos também se interessavam pelo que eu considerava um elemento básico em meu trabalho principal: colocar as palavras da Bíblia na mente e no coração das pessoas, fazer que a Palavra se tornasse viva nelas. Elas preferiam jornais, vídeos e revistas sensacionalistas.

Enquanto isso, eu adotava como missão em minha vida a responsabilidade de fazer justamente essas pessoas ouvirem, realmente darem ouvidos à mensagem desse livro. Eu sabia que meu trabalho fora talhado para mim.

* * *

Comecei explicando a Bíblia para a congregação, fazendo que comprassem livros de estudo — dicionários e concordâncias, para começar. Havia tanto a aprender! E eu tinha tanto a ensinar!

Enquanto isso, ocorreu-me que as pessoas que primeiro leram a Bíblia não precisaram de um dicionário ou de uma concordância. Quando Isaías pregou, o povo não teve de organizar um seminário e contratar um professor para descobrir o que ele estava dizendo. Quando o Evangelho de Marcos aparece em uma comunidade, eles não consideravam necessário preparar um curso de estudos de seis meses nas noites de quarta-feira. Todos esses livros foram baseados na vida comum e no conhecimento comum das pessoas — muitas (talvez a maioria) delas, analfabetas. Não que não fossem inteligentes, mas não possuíam escolaridade. Por que então deveria eu introduzir todo o meu conhecimento sobre a Bíblia na leitura que eles faziam?

Assim, mudei o meu estilo de ensino. Em vez de informá-los sobre as palavras ugaríticas que iluminavam o texto hebraico, em vez de trabalhar através das dificuldades das variações sinóticas nas histórias e palavras de Jesus, em vez de testar a linguagem de Paulo em relação às filosofias e aos cultos misteriosos dos helenistas, apenas reuni as pessoas para ler o texto como o encontramos. As primeiras reações foram: "Não conseguimos entender isso; diga-nos o que significa, você é quem estudou no seminário". No entanto, eu insisti. Juntos, leríamos construtivamente e em espírito de oração, tentaríamos entrar nas palavras da página como se apresentavam a nós. Às vezes, eu fazia perguntas, sugerindo e orientando um pouco para observar o que estava acontecendo ali, dando a eles confiança para continuar e fazer o mesmo tipo de leitura do texto bíblico que usavam para ler o jornal da manhã. Na maioria das vezes, após uma hora ou mais em uma página do texto, eles haviam encontrado tudo o que era substancial e que também estava contido nos comentários. Eu não me opunha a introduzir pequenas informações léxicas ou arqueológicas que servissem de tempero. Mas, de uma maneira geral, deixava que lessem o texto.

Há uma palavra sofisticada para o que se tornou claro nessas reuniões: *perspicuidade*, a convicção de que a Bíblia pode ser lida basicamente como é. Não se trata de um corpo de conhecimentos secretos acessíveis apenas a uma elite acadêmica. Ela foi escrita para homens e mulheres comuns.

Eu vivia em dois mundos de linguagem: o mundo da Bíblia e o de hoje. Sempre achei que eram o mesmo mundo, mas aquelas pessoas não viam isso. Desse modo, por força da necessidade, tornei-me tradutor, colocando-me diariamente entre os dois mundos, ajudando-os a ouvir a linguagem da Bíblia que Deus usa para nos criar e salvar, curar e abençoar, julgar e governar, e fazê-lo na linguagem de hoje, que usamos para jogar conversa fora e contar histórias, dar instruções e fazer negócios, cantar e conversar com nossos filhos.

Aquelas velhas linguagens bíblicas, aqueles poderosos e vivos originais hebraicos e gregos trabalhavam o tempo todo de maneira oculta em minhas falas, dando veemência e energia a palavras e frases, expandindo a imaginação das pessoas com quem eu trabalhava na linguagem de hoje — a linguagem atual extraída da linguagem da Bíblia.

Perdido na tradução

Minha esposa e eu nos perdemos certa vez em Jerusalém. Era um dia em que eu decidira só falar hebraico. O meu hebraico é todo aprendido em livros, salas de aula, um hebraico bíblico. Eu jamais conhecera o idioma como uma linguagem viva. Estávamos em Israel havia cerca de duas semanas, e acordei naquela manhã compreendendo que tinha diante de mim a grande oportunidade. Queria ver se conseguiria passar pelo menos um dia falando só essa linguagem tão importante para mim. Era tarde da noite àquela altura em Jerusalém, e minha esposa e eu estávamos perdidos. Procurávamos um restaurante que nos haviam recomendado. Tínhamos o endereço, mas não foi possível encontrá-lo. Sentíamo-nos totalmente perdidos. Encontramos um casal que caminhava em nossa direção. Eles pareciam ser judeus. Em meu hebraico hesitante e desajeitado, pedi ajuda, desculpando-me por aborrecê-los, mas esperando que pudessem, pelo menos, nos indicar a direção certa. Eles nos ouviram com paciência e cortesia. Quando terminei, abriram um grande sorriso. "Somos de Detroit!", disseram. Em seguida, deram as indicações de que precisávamos, mas em inglês. Ao experimentarem uma amostra de meu hebraico falado, era evidente que eles não confiavam em que eu conseguisse entender o hebraico deles o suficiente para chegar ao restaurante.

"Somos de Detroit!" Essa foi a linguagem usada com naturalidade e espontaneidade, mas dificilmente literal. Muito se perde na tradução quando ela é literal. Aquelas pessoas poderiam ter respondido literalmente para mim, usando o hebraico em que eram fluentes. Se estivessem dispostas a falar devagar e repetir as palavras várias vezes, eu teria obtido a ajuda que pedira. Obtivemos, porém, muito mais. A afirmação "Somos de Detroit!" fez uso da linguagem em um nível muito diferente — transmitiu boas-vindas, alegria em poder nos ajudar, total ausência de condescendência em relação ao meu hebraico falho e inadequado. Conseguimos mais do que orientações para chegar ao restaurante; recebemos um breve presente de amizade. Aquele casal não se contentou em reduzir sua linguagem a uma simples troca de informação. Eles não ignoraram nossa necessidade de informação, mas revelaram algo de si, a humanidade que compartilhavam conosco, sua hospitalidade incipiente.

"Somos de Detroit!" fornece uma referência que me faz refletir sobre como funciona a tradução. Para começar, ela não se faz somente entre idiomas;

está implícita em qualquer lugar, e sempre que a linguagem é usada. Não fica restrita ao que acontece quando traduzimos, digamos, do alemão para o inglês. Há muita tradução sendo feita todos os dias para transformar o inglês norte-americano que eu falo no *americano-inglês* que você ouve. Fiz isso todos os domingos, do púlpito, e todos os dias, enquanto criava meus filhos. Aprendi rapidamente que não podia ser negligente. Todos usam as palavras de forma diferente. E geralmente entendemos errado. A linguagem é ambígua. Temos de repetir várias vezes e explicar com paciência. Ao ouvir e responder às palavras dos que nos rodeiam, pais e filhos, professores e alunos, líderes de governo e cidadãos, pastores e congregações, técnicos e jogadores, maridos e esposas, estamos constantemente "traduzindo", usando tudo o que temos em mãos para interpretá-las corretamente: linguagem corporal, tom de voz, nossa história com o interlocutor, as circunstâncias em que nos achamos e também, é claro, mas nunca isoladamente, o sentido das palavras no dicionário e a estrutura gramatical das frases.

A complexidade envolvida em tudo isso força a compreensão de que uma tradução literal, exceto a tradução de dados científicos e a transferência de informação, é quase sempre inadequada. Por quê? Porque a tradução literal exclui todas as dimensões não verbais em ação sempre que a linguagem é usada. Ela também repete sem o menor cuidado as expressões idiomáticas, metáforas e estruturas de frases que não possuem contexto na linguagem receptora.

A tradução é uma atividade complexa que tem lugar entre a polaridade de duas perguntas. Em um polo, a questão é: "O que ele disse?"; no outro, é: "O que ela quis dizer?".

"O que ele disse?", respondido estritamente em seus próprios termos, resulta em uma tradução literal. Encontra, por exemplo, a palavra em português equivalente à inglesa e pronto. Exige-se também o uso de um dicionário e uma gramática, assim como a familiaridade com a literatura e a cultura do idioma a ser traduzido.

"O que ela quis dizer?" requer imaginação; em geral, uma imaginação poética que traz o "mundo" do texto original para o "mundo" do idioma ao qual será traduzido, e isso envolve, necessariamente, a recriação do texto em outra língua. É necessário muito mais do que um dicionário e uma gramática para traduzir. Precisamos de familiaridade com a "vida" que está sendo traduzida. Sebastian Brock defende a primazia da questão: "O que ela quis dizer?" na tradução: "No caso da tradução livre, poderia ser dito que o original é levado ao leitor, mas com o tipo literal de tradução, o leitor é obrigado a ir ao original. Ou, em outras palavras, na primeira é o leitor que fica parado, mas na segunda, é o original".[28] Cada linguagem é uma cultura complexa e viva, uma cultura destilada em palavras, apresentada em linguagem. Se tudo o que estivermos traduzindo forem definições de dicionário, toda a cultura fica perdida na tradução. Henry Wadsworth Longfellow, um dos grandes poetas americanos do século 19 e professor de línguas na Universidade Yale, traduziu para o inglês a *Divina Comédia* de Dante. Um de seus críticos reclamou que ele havia traduzido a *Comédia* para o dicionário inglês, e não para a língua inglesa.[29] É a cultura — a maneira de viver e pensar, crer e se comportar, as suposições e as alusões — que requer tradução de acordo com as nossas possibilidades. Da mesma maneira que a afirmação: "Somos de Detroit!"

* * *

Em meu trabalho como pastor, escritor, professor e pregador, comecei a reunir observações e testemunhas sobre a natureza da tradução, notando quão insatisfatória a "literal" acaba sendo e como serve de cobertura para evitar a intenção óbvia das palavras faladas ou escritas. Mas é na condição de pais e avós é que a maioria de nós reúne as evidências mais impressionantes.

Certa noite, nossa família estava reunida ao redor da mesa de jantar. Os netos tiveram permissão para sair e brincar. Alguns minutos depois, Hans, de sete anos, veio galopando pela sala com as duas irmãzinhas atrás dele. O pai se zangou:

— Hans, não pode correr pela casa.

Hans diminuiu um pouquinho o passo e respondeu:

— Não estou correndo, estou andando.

É um exemplo flagrante de literalismo, comum entre as crianças, como uma estratégia para evitar o significado indesejável. Mas os adultos não estão isentos disso.

---

[28] Sebastian Brock, "The Phenomenon of Biblical Translation in Antiquity", em *Studies in the Septuagint: Origens, Recensions, and Interpretations*, org. Sidney Jellicoe (Nova York: KTAV, 1974).
[29] John Ahern, "Vulgar Eloquence", *NY Times Review of Books* (1º de jan. de 1995).

***

Uma afirmação antiga que sempre acaba introduzida nas discussões sobre tradução é: "Você, um tradutor? Você é um traidor!" (Em italiano: "Traduttore? Traditore!") Traduzir é trair. Toda tradução é, inerentemente, uma tradução malfeita. Cada idioma é único. O espírito especial de uma linguagem não pode ser transportado para outra. Com base nesse critério, toda tradução é uma adulteração do original, uma diluição, uma redução. Se a linguagem traduzida é a Palavra de Deus e a tradução, por sua própria natureza, é falsificação, seria então melhor que não traduzíssemos.

Hein?

Essa posição foi, na verdade, defendida no período em que a Bíblia King James estava em processo de tradução. John Smith era pastor da Irmandade da Separação da Segunda Igreja Inglesa, em Amsterdã, em 1608, uma congregação formada por agricultores de Lincolnshire, puritanos exilados durante a perseguição inglesa. Smith e sua congregação afirmavam que toda tradução, por melhor que fosse, certamente conteria erros. Assim, por definição, não poderia ser usada. Eles precisavam ouvir as Escrituras no original. Se Deus havia falado em hebraico, grego e aramaico, essas eram as línguas em que o texto devia ser ouvido. E em reuniões que duravam muitas horas, Smith lia as passagens das Escrituras em hebraico, aramaico e grego, línguas que a congregação dele não compreendia.[30]

Uma insistência assim obstinada em relação ao "original literal" só pode ser uma paródia do que é modificado pelo bom senso entre a maioria das outras pessoas. Mas "literal" continua a representar, na mente de muitos, o ideal na questão da tradução.

A preferência pelo literal já existe há muito tempo. Eu, porém, cheguei à conclusão de que se trata de uma preferência irrefletida. Minha experiência como pai, suplementada por minha experiência como pastor, me adverte de que o perigo do literal é que ele ignora as ambiguidades inerentes a toda linguagem, aprisiona o idioma original e o força a marchar, algemado e em correntes, até uma língua que ninguém vivo fala mais. A linguagem sofre lobotomia — é extirpada do texto aquela qualidade que lhe dá personalidade, a capacidade de revelar o que, de outro modo, não saberíamos. O literalismo extremo insiste em forçar cada palavra a

---

[30] Ver Nicolson, *God's Secretaries*, p. 181.

uma posição fixa, imóvel, todas as sentenças amarradas em uma camisa de força. Comecei a entender por que Lutero, o avô dos tradutores da Reforma, não aceitou bem os críticos que atacaram sua tradução vernácula. Ele os chamou de "esses ratos literalistas".[31]

Em anos recentes, William Griffen passou a traduzir vários clássicos cristãos do latim para o inglês. Ele escreve, ao iniciar essa tarefa:

> Eu pretendia realmente fazer uma tradução literal e, claro, melhor do que qualquer um de meus predecessores havia feito, mas logo comecei a ficar hesitante. A fidelidade parecia ser a sua única virtude. Não havia, em ponto algum, contentamento. Fidelidade sem contentamento, na tradução, pode ser uma virtude, de fato, bem mesquinha. [...] Da mesma maneira que muitos antes de mim, eu sempre havia pensado que a paráfrase era uma loucura. Por quê? Porque aprendera isso com intelectuais melhores do que eu, e não fui capaz de contrariá-los. Mas o que nunca me contaram, de maneira explícita, foi que toda tradução seria sempre incorreta. Pouco tempo depois, concluí o seguinte: já que eu teria de errar, preferia, então, errar do lado da paráfrase, em vez de adotar o literalismo.[32]

Griffin continua, oferecendo ao leitor uma divertida apologia da paráfrase, mas com argumentos sérios e instrutivos. Nessa apologia, se ele não chega a eliminar, pelo menos tempera a condescendência com que a paráfrase costuma ser tratada por aqueles que tendem ao literalismo.

O teólogo africano Kwame Bediako afrouxa ainda mais as amarras do literalismo sobre as nossas pressuposições, mostrando como a tradução no contexto africano, em vez de se preocupar com a preservação das particularidades singulares do hebraico e do grego bíblicos, se satisfaz em publicá-los de uma forma inovadora e atual. George Steiner, que escreve com mais discernimento e conhecimento sobre a tradução do que qualquer pessoa que conheço, confirma a solidez da posição de Bediako quando insiste que a tradução dá "ao original uma nova ressonância, uma vida mais longa, uma circulação maior, um lugar mais substancial na história e na cultura".[33] Ao examinar as muitas línguas maternas africanas em que as Escrituras foram

---

[31] Nicolson, *God's Secretaries*, p. 195.
[32] William Griffin, "In Praise of Paraphrase", *Books and Culture* 8, nº 5 (set.-out. de 2002).
[33] George Steiner, *Errata: An Examined Life* (New Haven: Yale University Press, 1997), p. 112.

traduzidas, Bediako nota que cada uma delas possui sua maneira particular de contribuir para que as riquezas inesgotáveis da Palavra de Deus sejam ouvidas, com sua sintaxe e seu caráter únicos. Em lugar de diluir a Palavra pura de Deus, cada nova tradução a aperfeiçoa, fornecendo novos cenários ou contextos, oferecendo metáforas que possibilitam um novo acesso à transcendência. Cada tradução cria refrações do "Deus imortal e invisível, o único Deus sábio", em palavras que enriquecem o depósito de discernimento e adoração, o qual nos fornece novas anunciações do evangelho em nossa vida comum como comunhão universal de santos. Bediako nota que a facilidade e a frequência com que as Escrituras cristãs foram traduzidas em tantas "línguas maternas" podem ser justificadas pela recusa dos escritores bíblicos originais em usar uma linguagem "sagrada". O cristianismo, no curso de sua expansão, desenvolveu-se como uma "religião vernácula". Ele usa a experiência africana como comprovação: "Nós, africanos, nos sentimos à vontade em relação ao evangelho de Jesus Cristo. Cada um de nós, com acesso à Bíblia em nosso idioma materno, pode verdadeiramente afirmar que ouviu Deus falando conosco em nossa própria língua!".[34] Jacques Derrida apoia a posição de Bediako de uma perspectiva muito diferente, ao escrever que "a tradução será verdadeiramente um momento de evolução do original, que se completará *no fato* de se ampliar". Ele se refere à tradução como um contrato de casamento, com a promessa de "produzir um filho cuja semente fará avançar a história e o crescimento".[35]

Tradução é interpretação. Sempre. É interpretação porque as palavras transmitem muito mais significado do que o dicionário lhes atribui. As palavras têm histórias, associações emocionais, conotações influenciadas pela história. E a interpretação requer — em um ou outro grau — a paráfrase.

* * *

Minha primeira experiência com a paráfrase bíblica foi com as *Cartas às igrejas novas*, de J. B. Phillips, uma tradução do Novo Testamento em paráfrase. Obtive uma cópia em 1948, um ano depois de sua publicação

---

[34] Kwame Bediako, *Jesus in African Culture: A Ghanaian Perspective* (Accra: Presbyterian Press, 1990), p. 43-44.
[35] Citado em Joseph F. Graham, org., *Difference in Translation* (Ithaca: Cornell University Press, 1985), p. 188-202.

na Inglaterra. Eu era estudante do Ensino Médio. Na ocasião, era um fiel e diligente leitor da Bíblia, mas, por meio da paráfrase de Phillips, minha leitura bíblica tornou-se pessoal em uma profundidade incomparável. Minha única Bíblia, até então, era a Versão King James na Edição de Referência Scofield. Ela não só me dava o texto bíblico em inglês majestosamente sonoro, como também fornecia notas de rodapé extensas que me instruíam sobre como interpretar a leitura. Eu lia as notas com tanto ou mais cuidado que o texto. Estudei a Bíblia King James de Scofield em busca de inspiração, ou reunindo dados para argumentar em sessões informais, a fim de refutar as argumentações de meus amigos ou convertê-los. Quando lia devocionalmente, lia de modo descuidado, recebendo as palavras inspiradas com quase o mesmo nível de participação com o qual tomara uma injeção quando meu apêndice foi removido no hospital: o medicamento injetado diretamente em minha veia, o cérebro deixado de lado. A maior parte do que passei a apreciar e honrar mais tarde como a Palavra de Deus, do modo como formou a minha vida — o tom cotidiano, a história abrangente, a poesia simples, a participação pessoal e em espírito de oração — perdeu-se na tradução.

Phillips, porém, deu-me uma Bíblia que eu podia ler; e foi o que fiz — li sem parar. Ele me apresentou o mundo das Escrituras, não apenas suas palavras; fez-me mergulhar em suas magníficas frases, ajudou-me a sentir o impacto das metáforas. Ao descrever sua experiência de tradução, ele escreveu que frequentemente "se sentia como um eletricista, substituindo a fiação elétrica de uma casa antiga sem poder 'desligar a chave geral'".[36] Fiquei sabendo, tempos depois, que os primeiros leitores de sua tradução eram pessoas da minha idade no grupo da juventude da paróquia londrina onde Phillips era pastor. A tradução foi um ato pastoral, uma tentativa de colocar a linguagem bíblica na linguagem do mundo de seus adolescentes londrinos. Não demorou para que ela atravessasse o oceano e abrisse caminho na direção oeste até Montana, na linguagem do mundo em que meus amigos e eu vivíamos. À medida que ele continuava, nos anos seguintes, a traduzir o restante do Novo Testamento e uma primeira parte do Antigo, eu adquiria avidamente cada novo volume. Cada edição expandiu e aprofundou meu sentimento de participação no que a palavra

---

[36] J. B. Phillips, *Letters to Young Churches: A Translation of the New Testament Epistles* (Nova York: Macmillan, 1953), p. ix.

"bíblico" significava: um mundo imediato no qual viver, e não um mundo remoto a ser decifrado e imaginado.

Continuei a ler. Em poucos anos, eu estava lendo a Bíblia em hebraico e grego e descobrindo que os dados de primeira mão, o conforto ao qual Phillips me convidara, estavam confirmados no estilo e no tom que as Escrituras haviam sido primeiramente escritas e lidas. Da mesma forma, seu estilo e seu tom só poderiam ser transmitidos ao povo no meio do qual eu vivia mediante a paráfrase. Graças a esse pastor-tradutor, o texto bíblico me arrancou do mundo pequeno e restrito que consistia em "imaginar" o texto para o mundo amplo e imenso da revelação de Deus testemunhada pelo texto. Para mim, "bíblico" passou a significar viver, imaginar, crer, amar, conversar nesse mundo, vivendo nesse contexto orgânico rico e reproduzido com precisão, que alcança expressão plena em Jesus (que falava a linguagem das ruas), e ao qual ganhei acesso mediante o Antigo e o Novo Testamentos da Bíblia. Não se tratava de juntar textos para provar ou consubstanciar um dogma ou uma prática. "Ser bíblico" não mais significava apenas reportar-se à Bíblia ou solidificar minha posição com a Bíblia. A expressão se referia a um mundo, "o estranho mundo novo dentro da Bíblia" (Barth) em que quase tudo o que acontece é invisível, mas produz efeitos visíveis; um mundo do qual eu participava inteiramente, em que me achava *envolvido*.

* * *

Ao olhar para trás, compreendo que Phillips não só me convidou para entrar e me deixou à vontade no mundo da revelação de Deus por meio de sua tradução, como também me ensinou como fazer o mesmo, plantando as sementes do que, sessenta anos mais tarde, seria colhido como *A Mensagem*.

O que foi feito para mim, desejei fazer para outros, esforçando-me ao máximo para mostrar aos homens e mulheres que as Escrituras podem ser vividas, que a Palavra de Deus é dirigida pessoalmente ao homem, convidando, comandando, desafiando, repreendendo, julgando, confortando, guiando — mas nunca forçando. Nunca coagindo. Recebemos espaço e liberdade nessas páginas bíblicas para responder, entrar na conversa. Mais do que tudo, a Bíblia convida a nossa participação nas obras e na linguagem de Deus.

Queria ajudar meus amigos a perceber a ligação orgânica entre a palavra lida e a vivida. Queria colocar a linguagem das ruas de Jerusalém — "Somos de Detroit!" — nas ruas das outras cidades. Eu desejava transmitir, por meio da sintaxe e da pronúncia da cultura local, que tudo nesse livro pode ser vivido; que a questão mais importante não é: "O que ela diz?", mas: "O que ela significa e como posso vivê-la?". Minha intenção era reunir pessoas que a leem de modo pessoal, e não impessoal; que tivessem aprendido a ler a Bíblia a fim de viver o próprio "eu", e não apenas com a meta de obter informação para melhorar seu padrão social. Minha ideia era contrariar a atitude consumista que usa a Bíblia como um meio de reunir dados religiosos, pelos quais podemos ser nossos próprios deuses, e substituí-la por uma atitude de atenção e obediência a Deus, que nos resgata da preocupação com nossos problemas e nos conduz à liberdade grandiosa na qual Deus está operando a salvação do mundo. Eu queria, de alguma forma, recuperar aquele tom original, aquela "voz" profética e evangelística que nos desperta para a beleza e a esperança que nos unem à nossa vida verdadeira.

Eu queria isso primeiro para mim, depois para a minha congregação e, em seguida, para todos que lessem e ouvissem *A Mensagem*. Compreendo também que não estou sozinho nisso. Um grande número de homens e mulheres me precedeu nesse trabalho. E muitos mais irão continuá-lo. A tradução tem lugar em múltiplos níveis: Bíblias de estudo, bíblias de referência, revisões de traduções anteriores, traduções mais adequadas para a adoração formal, traduções que vão do formal ao coloquial. Todas ou, pelo menos, a maioria são úteis para a leitura e a adoração da comunidade cristã. *A Mensagem* tem origem em um cenário e um momento específicos de nossa cultura, e não pretende substituir, mas completar as excelentes traduções disponíveis hoje. Tenho plena convicção de que me encontro em uma vasta companhia de tradutores — professores em salas de aula, pastores nos púlpitos, pais ao redor da mesa de jantar, escritores no mundo inteiro, cristãos batizados em seus empregos e suas reuniões sociais; gente que nem sequer podemos imaginar. Todos nós estamos no mesmo ministério como colaboradores na tradução da Palavra de Deus, lendo e vivendo o texto, comendo o livro e, em seguida, colocando essas Escrituras em uma linguagem que seja ouvida e falada nas ruas onde vivemos.

Apêndice

Obras sobre a leitura espiritual

A facilidade com que a maioria de nós lê mascara a enorme dificuldade envolvida no ato da leitura. Em geral, adquirimos os rudimentos de leitura nos primeiros três ou quatro anos de vida escolar. A sociedade insiste que saibamos como ler. Um exército de professores é recrutado e mantido, escolas são construídas e salas de aula são equipadas a fim de garantir que todos nós aprendamos a ler desde a tenra idade. Ler não é necessário apenas para nosso próprio bem; é necessário para o bem da nação. Pelo menos nisso, nossos pais e o governo estão de acordo. E, portanto, técnicas adequadas de leitura nos são ensinadas rotineiramente a fim de que estejamos preparados para funcionar como cidadãos responsáveis. A maioria de nós consegue ler jornais, manuais de instruções, sinais de trânsito, tirinhas cômicas, o romance da moda, cartas de amor, boletos, telas de computador, e se sai muito bem no mundo, obrigado.

No entanto, não obstante o dinheiro e o tempo que a sociedade investe no ensino da leitura, ninguém dá muita atenção nem dispende muita energia para ensinar *como* ler. Entre nossos ancestrais, a leitura implicava a busca por sabedoria, por maturidade. No nosso caso, é mais provável que se trate de acumular informações para que consigamos responder a um questionário ou executar uma tarefa. A leitura espiritual não é avessa a informação, mas tem a sabedoria como objetivo: *tornar-se* verdadeiro e bom, não apenas conhecer os fatos da vida ou saber como trocar um pneu.

Em nosso mundo ávido por informação, a leitura espiritual passa frequentemente despercebida. Descobri que preciso de considerável ajuda caso não queira ser seja varrido e sufocado por uma avalanche de palavras que foram reduzidas a sua dimensão informativa ou funcional. Eis sete autores que se provaram confiáveis e tenazes companheiros à medida que leio livros e *o* livro.

Karl Barth, *Church Dogmatics*, vol. 1: *The Doctrine of the Word of God*, parte 1 (Edimburgo: T & T Clark, 1936)

Os cristãos leem as Escrituras não como mais um livro qualquer da estante, mas sim como, precisamente, revelação — Deus se revelando a nós. Isso requer que repensemos e reimaginemos a maneira como lemos. Como é possível que as mesmas palavras que usamos no dia a dia uns com os outros sejam usadas para nos revelar Deus? Como é que, na excelente frase de Barth, "O Senhor do discurso é também o Senhor da escuta" — Deus tão ativo em nossa leitura da revelação como na escrita dela pelos profetas e apóstolos? Este é um livro grande (560 páginas), mas, ao menos para mim, é mesmo necessário bastante tempo, acompanhado por muitas repetições e releituras, para substituir meu treinamento prático, americanizado, de como ler um livro, em favor de uma forma adequada de encarar a palavra de Deus.

Ivan Illich, *In The Vineyard of the Text* (Chicago: University of Chicago Press, 1996)

Hugo de São Vítor, uma de nossas figuras seminais no âmbito da teologia espiritual, escreveu, por volta de 1150 d.C., a primeira obra sobre a arte da leitura espiritual (o *Didascalicon*), tratando-a como uma disciplina ascética intrincada e abrangente. O comentário de Ivan Illich para o livro nos fornece acesso a esse incomparável tesouro de discernimento, conselho e urgência que compõe a prática da leitura espiritual.

Austin Farrer, *The Glass of Vision* (Westminster: Dacre, 1948)

Nós, cristãos, lemos a revelação de Deus escrita em nossas Sagradas Escrituras porque cremos que, de uma ou de outra maneira, elas são inspiradas pelo Espírito Santo. Nossa Bíblia não meramente transmite informações sobre Deus, mas, devidamente recebida, é a palavra de Deus operando de modo sobrenatural em nós. Mas o que exatamente isso significa? Como isso acontece? Não há escassez de teorias sobre a inspiração. Farrer investiga o *como* com mais imaginação do que o faz a maioria, fornecendo imagens que nos incluem como participantes na inspiração, não como homens e mulheres que tão somente falam a respeito dela ou lhe dão assentimento.

Northrop Frye, *The Great Code: The Bible and Literature* (Nova York: Harcourt Brace Jovanovich, 1982)

A *maneira* como a Bíblia foi escrita — como as palavras são usadas, as frases formadas, a poesia confeccionada — é tão parte do texto quanto *o quê* foi escrito. Isto é, a Bíblia não é a verdade em abstrato. A doutrina da Trindade, a encarnação da palavra em Jesus, a vida de Davi, tudo isso foi escrito de maneiras singulares, com uma linguagem repleta de nuance e beleza, surpresa e austeridade, linguagem que atravessa todo o espectro de testemunho e imaginação implicado nesse testemunho da revelação de Deus. Se tudo pelo que procuramos são os conceitos teológicos e os fatos da salvação, perdemos de vista a riqueza e a complexidade que integram cada página das Escrituras. Northrop Frye é um mestre incomparável em todos os aspectos relacionados à linguagem da Bíblia, aprofundando tanto nosso entendimento como nosso apreço da maneira como ela foi escrita "para nós e para nossa salvação". (No Brasil, *O grande código: A Bíblia e a literatura*. Campinas, SP: Sétimo Selo, 2021.)

Paul Ricouer, *Essays on Biblical Interpretation* (Lewis S. Mudge, org. Philadelphia: Fortress, 1980)

No momento em que nos propomos ler e orar, ensinar e pregar, entender e viver as Sagradas Escrituras, nos vemos imersos em condições um tanto quanto desfavoráveis. Nossas alardeadas tecnologias de comunicação despersonalizam e reduzem sistematicamente a linguagem, isto é, esvaziam implacavelmente o espírito da letra. Trata-se de uma das características mais marcantes de nossa era. Como recuperar a qualidade vida da linguagem, como restaurar nossa sensibilidade a sua natureza original *revelatória* — de revelação da alma, revelação de Deus? Paul Ricouer tem sido, para muitos de nós, o principal professor nessa árdua tarefa de interpretar o texto (a disciplina da "hermenêutica") diante do espírito corrosivamente secularizante de nossa era. [No Brasil, *Interpretação bíblica*. São Paulo: Templus, 2017.]

George Steiner, *Real Presences* (Chicago: University of Chicago Press, 1989)

Vivemos numa era implacavelmente secular, na qual a linguagem é achatada até tornar-se uma folha de estanho unidimensional, toda sua transcendência espremida para fora. Palavras são "apenas" palavras, sopros de ar, incapazes de transmitir espírito ou presença, quanto menos Deus. Se a era está correta a esse respeito, nada do que lemos, inclusive a Bíblia, transmite sentido além daquilo que se encontra na página. Steiner argumenta vigorosamente o oposto disso: o sentido é inerente a toda linguagem, a linguagem é subscrita pela pressuposição da presença de Deus. As implicações para o modo como ouvimos e lemos são enormes. A recuperação e prática da leitura *espiritual* é urgente em todos os aspectos, mas em nenhum outro lugar tanto quanto em nossa leitura das Escrituras.

C. S. Lewis, *An Experiment in Criticism* (Cambridge: Cambridge University Press, 1992, publicado originalmente em 1961)

O último livro de Lewis, publicado no fim de sua vida, é uma apropriada palavra de despedida do homem que ensinou a tantos de minha geração a ler de modo imaginativo, preciso e devoto. Praticamente qualquer livro, quer Lewis o tenha escrito, quer ele o tenha lido, era, para ele, um caminho para a realidade, tanto a realidade humana como a realidade divina. Inteligência destilada em sabedoria, acumulada ao longo de uma vida toda de leitura — este é seu legado final para nós. (No Brasil, *Um experimento em crítica literária*. Rio de Janeiro: Thomas Nelson Brasil, 2019.)

Sobre o autor

Eugene H. Peterson (1932–2018) foi pastor, teólogo e escritor. Graduou--se pelo Seminário Teológico de Nova York e pela Universidade Johns Hopkins. Fundou a Igreja Presbiteriana Cristo Nosso Rei, onde exerceu o ministério por 29 anos. Foi docente em Teologia da Espiritualidade na Faculdade Regent, no Canadá. É autor de mais de trinta livros, incluindo a celebrada paráfrase da Bíblia *A Mensagem*.

Compartilhe suas impressões de leitura,
mencionando o título da obra, pelo e-mail
opiniao-do-leitor@mundocristao.com.br
ou por nossas redes sociais

Esta obra foi composta com tipografia Minion Pro
e impressa em papel Pólen Natural 70 g/m² na gráfica Santa Marta